관세사시험 완벽대비를 위한 무꿈사 법령집 시리즈

대외무역법 법령집

정재환 관세사 편저

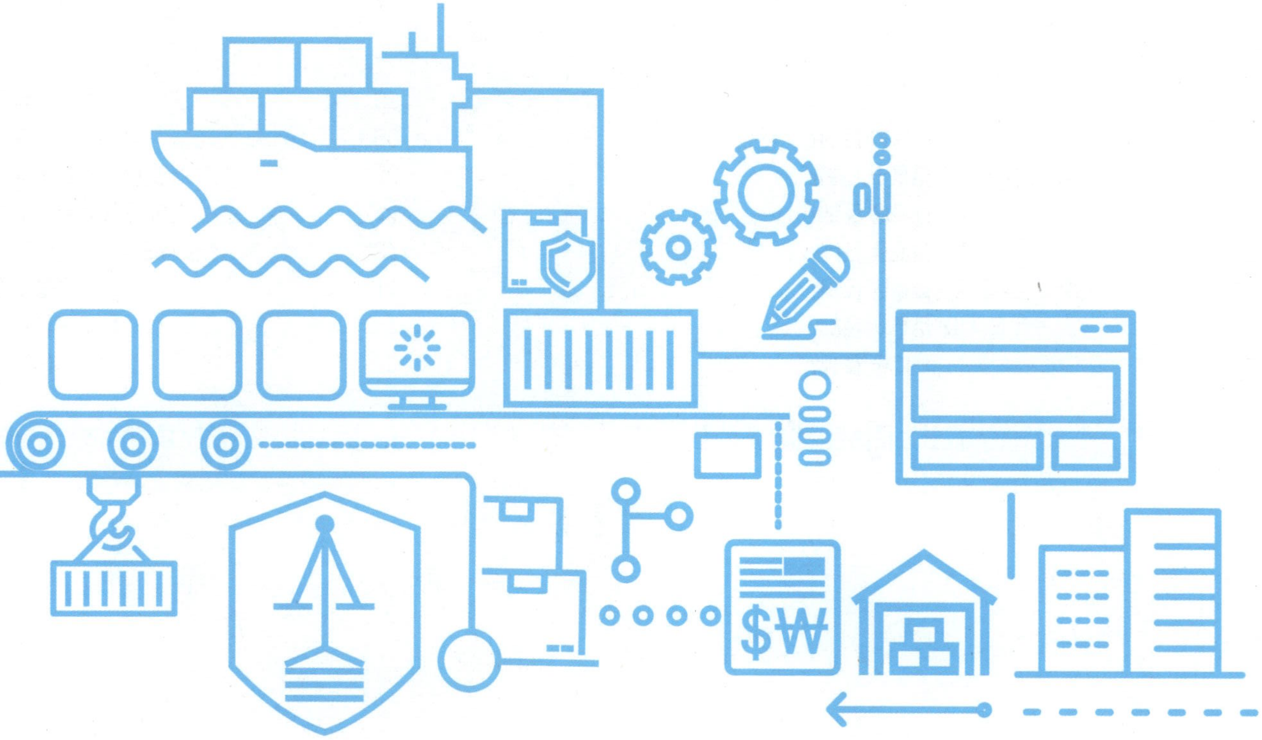

무꿈사

CONTENTS

- 대외무역법 / 대외무역법 시행령   1

  제1장 총칙   2
  제2장 통상의 진흥   7
  제3장 수출입 거래   11
  제3장의2 원산지의 표시 등   37
  제4장 수입수량 제한조치   44
  제5장 수출입의 질서 유지   46
  제6장 보칙   50
  제7장 벌칙   55

- 대외무역관리규정   59

  제1장 총칙   60
  제2장 수출입 거래 총칙   63
  제3장 외화획득용 원료·기재의 수입   69
  제4장 플랜트수출   77
  제5장 원산지   78
  제6장 수출입 질서유지   84
  제7장 보칙   86

대외무역법

대외무역법 [시행 2024. 8. 21.] [법률 제20319호, 2024. 2. 20., 일부개정]	대외무역법 시행령 [시행 2024. 10. 8] [대통령령 제34936호, 2024. 10. 8, 일부개정]
	제1장 총칙
제1조(목적) 이 법은 대외 무역을 진흥하고 공정한 거래 질서를 확립하여 국제 수지의 균형과 통상의 확대를 도모함으로써 국민경제를 발전시키는 데 이바지함을 목적으로 한다.	제1조(목적) 이 영은 「대외무역법」에서 위임된 사항과 그 시행에 필요한 사항을 정함을 목적으로 한다.
	제2조(정의) 이 영에서 사용하는 용어의 뜻은 다음과 같다.
	1. "국내"란 대한민국의 주권(主權)이 미치는 지역을 말한다.
	2. "외국"이란 국내 이외의 지역을 말한다.
	3. "수출"이란 다음 각 목의 어느 하나에 해당하는 것을 말한다.
	가. 매매, 교환, 임대차, 사용대차(使用貸借), 증여 등을 원인으로 국내에서 외국으로 물품이 이동하는 것(우리나라의 선박으로 외국에서 채취한 광물(鑛物) 또는 포획한 수산물을 외국에 매도(賣渡)하는 것을 포함한다]
	나. 「관세법」 제196조에 따른 보세판매장에서 외국인에게 국내에서 생산(제조·가공·조립·수리·재생 또는 개조하는 것을 말한다. 이하 같다)된 물품을 매도하는 것
	다. 유상(有償)으로 외국에서 외국으로 물품을 인도(引渡)하는 것으로서 산업통상자원부장관이 정하여 고시하는 기준에 해당하는 것
	라. "외국환거래법」 제3조제1항제14호에 따른 거주자(이하 "거주자"라 한다)가 같은 법 제3조제15항에 따른 비거주자(이하 "비거주자"라 한다)에게 산업통상자원부장관이 정하여 고시하는 방법으로 제공하는 것
	마. 거주자가 비거주자에게 정보통신망을 통한 전송과 그 밖에 산업통상자원부장관이 정하여 고시하는 방법으로 제4조에 따른 전자적 형태의 무체물(無體物)을 인도하는 것
	4. "수입"이란 다음 각 목의 어느 하나에 해당하는 것을 말한다.
	가. 매매, 교환, 임대차, 사용대차, 증여 등을 원인으로 외국으로부터 국내로 물품이 이동하는 것
	나. 유상으로 외국에서 외국으로 물품을 인수하는 것으로서 산업통상자원부장관이 정하여 고시하는 기준에 해당하는 것
	다. 비거주자가 거주자에게 산업통상자원부장관이 정하여 고시하는 방법으로 제3조에 따른 용역을 제공하는 것

이 법에서 사용하는 용어의 뜻은 다음과 같다.
1. "무역"이란 다음 각 목의 어느 하나에 해당하는 것(이하 "물품등"이라 한다)의 수출과 수입을 말한다.
  가. 물품
  나. 대통령령으로 정하는 용역
  다. 대통령령으로 정하는 전자적 형태의 무체물(無體物)

제2조(정의)

  다. 비거주자가 거주자에게 정보통신망을 통한 전송과 그 밖에 대통령령으로 정하는 방법으로 제3조에 따른 전자적 형태의 무체물의 인도하는 것
5. "외화획득용 원료·기재"란 다음 각 목의 어느 하나에 해당하는 것을 말한다.
  가. 외화획득용 원료: 외화획득에 제공되는 물품, 제3조에 따른 용역 및 제4조에 따른 전자적 형태의 무체물(이하 "물품등"이라 한다)을 생산하는 데에 필요한 원자재·부재료 및 구성품
  나. 외화획득용 시설기재(施設機材): 외화획득에 제공되는 물품등을 생산하는 데에 사용되는 시설·기계·장치·부품 및 구성품(물품등이 하자(瑕疵)를 보수하거나 물품등을 유지·보수하는 데에 필요한 부품 및 구성품을 포함한다)
  다. 외화획득용 제품: 수입한 후 또는 국내 구매 후 생산과정을 거치지 않은 상태로 외화획득에 제공되는 물품등
  라. 외화획득용 용역: 외화획득에 제공되는 물품등을 생산하는 데에 필요한 용역
  마. 외화획득용 전자적 형태의 무체물: 외화획득에 제공되는 물품등을 생산하는 데에 필요한 제4조에 따른 전자적 형태의 무체물
6. <삭제>
7. <삭제>
8. <삭제>
9. <삭제>
10. <삭제>
11. "수출실적"이란 산업통상자원부장관이 정하여 고시하는 기준에 해당하는 수출통관액·입금액, 가득액(移得額)과 수출에 제공되는 외화획득용 원료·기재의 국내공급액을 말한다.
12. "수입실적"이란 산업통상자원부장관이 정하여 고시하는 기준에 해당하는 수입통관액 및 지급액을 말한다.

제3조(용역의 범위)

「대외무역법」(이하 "법"이라 한다) 제2조제1호나목에서 "대통령령으로 정하는 용역"이란 다음 각 호의 어느 하나에 해당하는 용역을 말한다.
1. 「부가가치세법 시행령」제3조에 따른 용역(출판업과 영상·오디오 기록물 제작 및 배급업을 포함한다)
2. 지식기반용역 등 수출유망산업으로서 산업통상자원부장관이 정하여 고시하는 업종의 영위하는 자가 제공하는 용역

2. "물품"이란 다음 각 목의 것을 제외한 동산(動産)을 말한다.
   가. "외국환거래법"에서 정하는 지급수단
   나. "외국환거래법"에서 정하는 증권
   다. "외국환거래법"에서 정하는 채권을 화체(化體)한 서류
3. "무역거래자"란 수출 또는 수입을 하는 자, 외국의 수입자 또는 수출자에게서 위임을 받은 자 및 수출·수입을 위임하는 자 등 물품등의 수출행위와 수입행위의 전부 또는 일부를 위임하거나 행하는 자를 말한다.
4. "정부간 수출계약"이란 외국 정부의 요청이 있을 경우, 제32조의3제1항에 따른 정부간 수출계약 전담기관이 대통령령으로 정하는 설차에 따라 국내 기업을 대신하여 또는 국내 기업과 함께 계약의 당사자가 되어 외국 정부에 물품등("방위사업법"제3조제1호에 따른 방위산업물자등은 제외한다)을 유상(有償)으로 수출하기 위하여 외국 정부와 체결하는 수출계약을 말한다.

제3조(자유롭고 공정한 무역의 원칙 등)

① 우리나라의 무역은 헌법에 따라 체결·공포된 무역에 관한 조약과 일반적으로 승인된 국제법규에서 정하는 바에 따라 자유롭고 공정한 무역을 조장함을 원칙으로 한다.
② 정부는 이 법이나 다른 법률 또는 헌법에 따라 체결·공포된 무역에 관한 조약과 일반적으로 승인된 국제법규의 범위에서 무역에 대한 제한을 최소한으로 그치도록 하며, 에 법이나 다른 법률에 규정하는 경우에는 그 목적을 달성하기 위하여 필요한 최소한의 범위에서 이를 운영하여야 한다.

3. 국내외 법률 또는 대한민국이 당사자인 조약에 따라 보호되는 특허권·실용신안권·디자인권·상표권·저작권·저작인접권·프로그램저작권·반도체집적회로의 배치설계권의 양도(讓渡)·전용실시권(專用實施權)의 설정 또는 통상실시권(通常實施權)의 허락

제4조(전자적 형태의 무체물)

법 제2조제1호다목에서 "대통령령으로 정하는 전자적 형태의 무체물"이란 다음 각 호의 어느 하나에 해당하는 것을 말한다.
1. "소프트웨어 진흥법」 제2조제1호에 따른 소프트웨어
2. 부호·문자·음성·음향·이미지·영상 등을 디지털 방식으로 제작하거나 처리한 자료 또는 정보 등으로서 산업통상자원부장관이 정하여 고시하는 것
3. 제1호와 제2호의 집합체와 그 밖에 이와 유사한 전자적 형태의 무체물로서 산업통상 자원부장관이 정하여 고시하는 것

제4조의2(정부간 수출계약의 절차)

법 제2조제4호에서 "대통령령으로 정하는 절차"란 다음 각 호에 규정된 절차를 말한다.
1. 외국 정부의 물품등(「방위산업 발전 및 지원에 관한 법률」 제2조제1항에 따른 방위산업물자등은 제외한다. 이하 이 조, 제54조의5 및 제54조의6에서 같다) 구매의사에 관한 법 제32조의3제1항에 따른 정부간 수출계약 전담기관(이하 "전담기관"이라 한다)의 확인
2. 국내 기업의 정부간 수출계약 이행능력에 관한 평가 및 추천. 다만, 외국 정부가 물품 등을 수출할 국내 기업을 지정하는 경우에는 추천을 생략할 수 있다.
3. 전담기관과 국내 기업의 정부간 수출계약 이행에 관한 약정의 체결
4. 전담기관과 외국 정부와의 수출에 관한 계약(국내 기업과 함께 계약의 당사자가 되어 체결하는 경우를 포함한다)

제4조(무역의 진흥을 위한 조치)

① 산업통상자원부장관은 무역의 진흥을 위하여 필요하다고 인정되면 대통령령으로 정하는 바에 따라 물품등의 수출과 수입을 지속적으로 증대하기 위한 조치를 할 수 있다.

② 산업통상자원부장관은 제1항에 따른 무역의 진흥을 위하여 필요하다고 인정되면 대통령령으로 정하는 바에 따라 다음 각 호의 어느 하나에 해당하는 자에게 필요한 지원을 할 수 있다.

1. 무역의 진흥을 위한 자문, 지도, 대외 홍보, 전시, 연수, 상담 알선 등을 업(業)으로 하는 자
2. 무역전시장이나 무역연수원 등의 무역 관련 시설을 설치·운영하는 자
3. 과학적인 무역업무 처리기반을 구축·운영하는 자

제5조(무역의 진흥을 위한 조치)

① 산업통상자원부장관은 법 제4조에 따라 무역의 진흥을 위한 다음 각 호의 조치를 하거나 관계 행정기관의 장에게 필요한 조치를 하여 줄 것을 요청할 수 있다.

1. 수출산업의 국제경쟁력을 높이기 위한 여건의 조성과 설비투자의 촉진
2. 외화획득(외화획득 수단에서 외화획득용 원료의 수입금액을 공제한 금액을 말한다)을 높이기 위한 품질 향상과 국내에서 생산되는 외화획득용 원료·기재의 사용 촉진
3. 통상협력 증진을 위한 수출·수입에 대한 조정
4. 지역별 무역균형을 달성하기 위한 수출·수입의 연계
5. 민간의 통상활동 및 산업협력의 지원
6. 무역 관련 시설에 대한 조세 등의 감면
7. 과학적인 무역업무 처리기반을 효율적으로 구축·운영하기 위한 여건의 조성
8. 무역업계 등 유관기관의 과학적인 무역업무 처리기반 이용 촉진
9. 국내기업의 해외 진출 지원
10. 해외에 진출한 국내기업의 고충 사항의 조사와 그 해결을 위한 지원
11. 그 밖에 수출·수입을 지속적으로 증대하기 위하여 필요하다고 인정하는 조치

② 법 제4조제2항에 따른 지원 대상이 되는 무역 관련 시설은 다음 각 호의 구분에 따른 기능과 규모를 갖추고 산업통상자원부장관이 지정하는 것으로 한다.

1. 무역전시장: 실내 전시 연면적이 2천 제곱미터 이상의 무역전시용품을 전시할 수 있는 시설과 50명 이상을 수용할 수 있는 회의실을 갖출 것
2. 무역연수원: 무역전문인력을 양성할 수 있는 시설로서 연면적이 2천 제곱미터 이상이고 최대수용 인원이 500명 이상일 것
3. 컨벤션센터: 회의용 시설로서 연면적이 4천 제곱미터 이상이고 최대 수용 인원이 2천명 이상일 것

③ 법 제4조제2항제3호에서 "과학적인 무역업무 처리기반을 구축·운영하는 자"란 「전자무역 촉진에 관한 법률」 제6조제1항에 따른 전자무역기반사업자 중에서 과학적인 무역업무 처리기반을 구축·운영하고 있다고 산업자원부장관이 인정하는 사업자를 말한다.

제5조(무역에 관한 제한 등 특별 조치)

산업통상자원부장관은 다음 각 호의 어느 하나에 해당하는 경우에는 대통령령으로 정하는 바에 따라 물품등의 수출과 수입을 제한하거나 금지하는 경우에는 대통령령으로 정하는 바에 따라 대통령령으로 정하는 물품등의 수출·수입·운송·보관, 원산지(換積) 또는 중개를 제한하거나 금지할 수 있다. 다만, 제4호에 해당하는 경우에는 대통령령으로 정하는 물품등을 하려면 미리 그 사실에 관하여 조치를 하여야 한다. 이 조에서 "특별조치"라 한다)를 하려면 미리 그 사실에 관하여 조치를 하여야 한다.

1. 우리나라 또는 우리나라의 무역 상대국(이하 "교역상대국"이라 한다)에 전쟁·사변 또는 천재지변이 있을 경우
2. 교역상대국이 조약과 일반적으로 승인된 국제법규에서 정한 우리나라의 권익을 인정하지 아니할 경우
3. 교역상대국이 우리나라의 무역에 대하여 부당하거나 차별적인 부담 또는 제한을 가할 경우
4. 헌법에 따라 체결·공포된 무역에 관한 조약과 일반적으로 승인된 국제법규에서 정한 국제평화와 안전유지 등의 의무를 이행하기 위하여 필요할 경우
4의2. 국제평화와 안전유지, 국민경제의 발전을 위한 교역여건의 급변으로 교역상대국과의 무역에 관한 중대한 차질이 생기거나 생길 우려가 있는 경우
5. 인간의 생명·건강 및 안전, 동물과 식물의 생명 및 건강, 환경보전 또는 국내 자원보호를 위하여 필요할 경우

제6조(무역에 관한 법령 등의 협의 등)

① 무역에 관하여는 이 법에서 정하는 바에 따른다.
② 관계 행정기관의 장은 물품등의 수출 또는 수입을 제한하는 법령이나 훈령·고시 등(이하 "수출요령" 이라 한다)을 제정하거나 개정하려면 미리 산업통상자원부장관과 협의하여야 한다. 이 경우 산업통상자원부장관은 관계 행정기관의 장에게 그 수출·수입요령의 조정을 요청할 수 있다.

제6조(특별조치를 위한 조사 및 협의 절차)

① 산업통상자원부장관은 제5조제2호·제3호·제4호의2 또는 제5호에 해당하는 사유로 교역상대국에 대하여 같은 제5조제2호·제3호·제4호의2 또는 제5호에 해당하는 사유로 수출·수입의 제한 또는 금지에 관한 조치(이하 이 조에서 "특별조치"라 한다)를 하려면 미리 그 사실에 관하여 조사를 하여야 한다.
② 제5조제2호·제3호·제4호의2 또는 제5호에 해당하는 사실에 대하여 이해관계가 있는 자는 산업통상자원부장관에게 특별조치를 하여 줄 것을 신청할 수 있다.
③ 산업통상자원부장관은 제2항에 따른 신청이 있으므로 신청일부터 30일 이내에 그 사실관계에 대한 조사 여부를 결정하고 그 내용을 신청인에게 알려야 한다.
④ 산업통상자원부장관은 제1항에 따른 조사를 할 때에 필요하다고 인정하면 미리 해당 교역상대국과 협의를 하여야 한다.
⑤ 산업통상자원부장관은 제1항에 따른 조사를 시작하면 그 사실을 고시하고, 조사를 시작한 날부터 1년 이내에 끝내야 한다.
⑥ 산업통상자원부장관은 특별조치를 하려는 경우에는 미리 관계 중앙행정기관의 장과 협의하여야 한다.
⑦ 산업통상자원부장관은 제5조에 따른 특별조치를 하려는 경우에는 그 특별조치의 내용을 공고하고 그 특별조치가 제2항에 따른 신청에 따른 것일 때에는 해당 신청인에게 그 사실을 알려야 한다. 그 특별조치를 해제할 경우에도 또한 같다.

제2장 통상의 진흥

제7조(통상진흥 시책의 수립)

① 산업통상자원부장관은 무역과 통상을 진흥하기 위하여 매년 다음 연도의 통상진흥 시책을 세워야 한다.

② 제1항에 따른 통상진흥 시책에는 다음 각 호의 사항이 포함되어야 한다.
1. 통상진흥 시책의 기본 방향
2. 국제통상 여건의 분석과 전망
3. 무역·통상 협상 추진 방안과 기업의 해외 진출 지원 방안
4. 통상진흥을 위한 자문, 지도, 대외 홍보, 전시, 상담 알선, 전문인력 양성 등 해외시장 개척 지원 방안
5. 통상 관련 정보수집·분석 및 활용 방안
6. 민간제의 원활한 수급을 위한 국내외 협력 추진 방안
7. 그 밖에 대통령령으로 정하는 사항

③ 산업통상자원부장관은 제1항에 따른 통상진흥 시책의 수립을 위한 기초 자료를 수집하기 위하여 교역상대국의 통상 관련 제도, 관행 등과 기업이 겪는 애로사항을 해외상대에서 조사할 수 있다.

④ 산업통상자원부장관은 해외에 진출한 기업에 제1항에 따른 통상진흥 시책의 수립에 필요한 자료를 요청하고, 필요한 경우 지원할 수 있다.

⑤ 산업통상자원부장관은 제1항에 따라 통상진흥 시책을 세우는 경우에는 미리 특별시장·광역시장·특별자치시장·도지사 또는 특별자치도지사(이하 "시·도지사"라 한다)의 의견을 들어야 하고, 통상진흥 시책을 수립한 때에는 이를 시·도지사에게 알려야 한다. 이를 변경한 경우에도 또한 같다.

⑥ 제5항에 따라 통상진흥 시책을 통보받은 시·도지사는 그 관할 구역의 실정에 맞는 지역별 통상진흥 시책을 수립·시행하여야 한다.

⑦ 시·도지사는 제6항에 따라 지역별 통상진흥 시책을 수립한 때에는 이를 산업통상자원부장관에게 알려야 한다. 이를 변경한 때에도 포함한다.

제7조(통상진흥 시책의 수립)

산업통상자원부장관은 법 제7조제1항에 따른 통상진흥 시책을 세우려면 다음 각 호의 기관이나 단체에 필요한 협조를 요청할 수 있다.
1. 관계 행정기관
2. 지방자치단체
3. 「대한무역투자진흥공사법」에 따른 대한무역투자진흥공사(이하 "대한무역투자진흥공사"라 한다)
4. 「민법」 제32조에 따라 산업통상자원부장관의 허가를 받아 설립된 한국무역협회(이하 "한국무역협회"라 한다)
5. 그 밖에 무역·통상과 관련되는 기관 또는 단체

제8조(그 밖의 통상진흥 시책의 내용)

법 제7조제2항제7호에서 "그 밖에 대통령령으로 정하는 사항"이란 다음 각 호의 사항을 말한다.
1. 주요 지역별, 경제권별 또는 업종별 통상진흥 시책
2. 무역·통상의 진흥과 관련되는 기관 또는 단체의 통상활동 계획
3. 그 밖에 산업통상자원부장관이 무역·통상의 진흥과 관련하여 필요하다고 인정하는 통상진흥 시책

제9조(통상 관련 제도 조사)

산업통상자원부장관은 법 제7조제3항에 따라 통상진흥 시책을 수립하기 위하여 필요한 경우에는 제7조 각 호(제2호는 제외한다)의 기관이나 단체에 해당 분야나 특정 사안에 대한 조사 또는 사실 확인을 요청할 수 있다.

제10조(지방자치단체와의 협조 등)

① 산업통상자원부장관은 법 제7조제6항에 따른 지역별 통상진흥 시책이 효과적으로 추진될 수 있도록 특별시·광역시·특별자치시·도 또는 특별자치도(이하 "시·도"라 한다) 및 무역·통상 관련기관 또는 단체 등이 포함되는 협의기구를 설치·운영할 수 있다.

② 제1항에 따른 협의기구의 구성 및 운영 등에 필요한 사항은 산업통상자원부장관이 정한다.

제8조(민간 협력 활동의 지원 등)

① 산업통상자원부장관은 무역·통상 관련 기관 또는 단체가 교역상대국의 정부, 지방 정부, 기관 또는 단체와의 통상, 산업, 기술, 에너지 등에서 협력활동을 추진하는 경우 대통령령으로 정하는 바에 따라 필요한 지원을 할 수 있다.

② 산업통상자원부장관은 제1항에 따라 해외 진출을 지원하기 위하여 무역·통상 관련 기관 또는 단체로부터 정보를 제공받고 지방자치단체와 기업에 필요한 정보를 제공할 수 있다.

③ 산업통상자원부장관은 제2항에 따른 정보의 수집·분석 및 제공을 위하여 필요한 경우 관계 중앙행정기관의 장, 시·도지사, 무역·통상 및 해외 진출과 관련한 기관 또는 단체에 관련 자료 및 통계의 제출을 요청할 수 있다.

④ 산업통상자원부장관은 기업의 해외 진출과 관련된 상담·안내·홍보·조사와 그 밖에 기업의 해외 진출에 대한 지원 업무를 종합적으로 수행하기 위하여 「대한무역투자진흥공사법」에 따른 대한무역투자진흥공사에 해외진출지원센터를 둔다.

⑤ 제4항에 따른 해외진출지원센터의 구성·운영 및 감독 등에 필요한 사항은 대통령령으로 정한다.

제11조(민간 협력 활동의 지원 절차)

① 법 제8조제1항에 따른 지원을 받으려는 무역·통상 관련 기관 또는 단체는 신청서에 사업 내용과 사업 성과 등이 포함된 사업계획서를 첨부하여 산업통상자원부장관에게 제출하여야 한다.

② 산업통상자원부장관은 제1항에 따라 제출된 사업계획서를 검토하여 통상, 산업, 기술, 에너지 등에서 협력 활동을 효율적으로 추진하기 위하여 필요하다고 인정되면 단체로부터 정보의 협력 활동 등을 지원할 수 있다.

③ 제2항의 지원 기준 등에 관하여 필요한 사항은 산업통상자원부장관이 정한다.

④ 산업통상자원부장관은 제2항의 지원과 관련하여 필요한 경우에는 관계 행정기관의 장에게 협조를 요청할 수 있다.

⑤ 지원을 받은 관련 단체는 해당 지원 사업이 끝난 후 3개월 이내에 산업통상자원부장관에게 사업결과보고서를 제출하여야 한다.

제12조(해외진출지원센터의 구성·운영 및 감독)

① 법 제8조제4항에 따른 해외진출지원센터(이하 "해외진출지원센터"라 한다)는 대한무역투자진흥공사 소속 임직원과 제3항에 따른 파견자로 구성한다.

② 대한무역투자진흥공사의 장은 기업의 해외진출 지원업무를 수행하기 위하여 필요한 경우에는 관계 행정기관의 장 및 해외진출과 관련된 기관 또는 단체(이하 "해외진출 유관기관"이라 한다)의 장에게 그 임직원의 파견을 요청할 수 있다.

③ 제2항에 따라 공무원 또는 임직원의 파견을 요청받은 관계 행정기관의 장 및 해외진출 유관기관의 장은 특기기관이 업무수행에 적합한 자를 선발하여 해외진출지원센터에 파견하여야 하며, 파견기간 중 파견근무를 해제하려는 경우에는 대한무역투자진흥공사의 장과 미리 협의하여야 한다.

④ 제3항에 따라 해외진출지원센터에 파견된 공무원 또는 임직원의 복무에 관해서는 대한무역투자진흥공사의 장의 지휘·감독을 받는다.

⑤ 대한무역투자진흥공사의 장은 제3항에 따라 파견된 공무원에게는 「지방공무원 임용령」 제31조의3제3항에 따라 근무성적평정에 관한 의견서를 작성하여 그 공무원을 파견한 관계 행정기관의 장에게 이를 송부하여야 하며, 그 의견서를 송부받은 관계 행정기관의 장은 근무성적을 평정할 때 이를 참작하여야 한다.

⑥ 대한무역투자진흥공사의 장은 매년 1월 31일까지 전년도의 해외진출 지원업무 추진실적 및 해당 연도의 해외진출지원 업무추진계획을 작성하여 산업통상자원부장관에게 보고하고, 매 분기 종료 후 1개월 이내에 분기별 업무추진실적을 산업통상자원부장관에게 보고하여야 한다. 이 경우 산업통상자원지원관은 보고받은 사항 중 관계 행정기관의 협조가 필요한 사항에 대하여는 해당 행정기관에 통보하여야 한다.

⑦ 산업통상자원부장관은 해외진출지원센터의 운영에 필요한 경비를 지원할 수 있다.

⑧ 제1항부터 제7항까지에서 규정한 사항 외에 해외진출지원공사의 장이 산업통상자원부장관과 협의하여 정한다.

제8조의2(전문무역상사의 지정 및 지원)

① 산업통상자원부장관은 신시장 개척, 신제품 발굴 및 중소기업・중견기업의 수출확대를 위하여 수출실적 및 중소기업 제품 수출비중 등을 고려하여 무역거래자 중에서 전문무역 상사를 지정하고 지원할 수 있다.

② 제1항에 따른 지정의 기준 및 절차, 지원내용 등에 관하여 필요한 사항은 대통령령으로 정한다.

③ 산업통상자원부장관은 제1항에 따라 지정을 받은 전문무역상사가 제3항에 따른 지정 기준에 적합하지 아니하게 된 때에는 그 지정을 취소할 수 있다. 다만, 거짓이나 그 밖에 부정한 방법으로 지정을 받은 경우에는 그 지정을 취소하여야 한다.

제12조의2(전문무역상사의 지정 기준 등)

① 법 제8조의2제1항에 따라 전문무역상사로 지정받을 수 있는 자는 다음 각 호의 어느 하나에 해당하는 자로서 산업통상자원부장관이 정하여 고시하는 기준을 충족하는 자로 한다.

1. 다음 각 목의 요건을 모두 갖춘 무역거래자
   가. 전년도 수출실적 또는 직전 3개 연도의 연평균 수출실적이 미화 100만달러 이상일 것이며 산업통상자원부장관이 정하여 고시하는 금액 이상일 것
   나. 가목에 따른 수출실적 중 다른 중소기업(「중소기업기본법」 제3조에 따른 중소기업을 말한다. 이하 같다)이나 중견기업(「중견기업 성장촉진 및 경쟁력 강화에 관한 특별법」 제2조제1호에 따른 중견기업을 말한다. 이하 이 조 및 제12조의3에서 같다)이 생산한 물품등의 수출실적 비율이 100분의 20 이상이 범위에서 산업통상자원부장관이 정하여 고시하는 비율 이상일 것

2. 신시장의 개척, 신제품의 발굴 및 중소기업 또는 중견기업에 대한 효과적인 수출 지원 등을 위하여 산업통상자원부장관이 정하여 고시하는 농어・수산업 등 업종별 특성과 조합 등 법인의 조직 형태별 수출능력 특성을 고려하는 기준을 맞추는 무역거래자

② 법 제8조의2제1항에 따라 전문무역상사로 지정을 받으려는 자는 지정신청서에 산업통상자원부장관이 정하여 고시하는 서류를 갖추어 산업통상자원부장관에게 제출하여야 한다.

③ 산업통상자원부장관은 제2항에 따라 전문무역상사의 지정을 신청한 자가 제1항에 따른 지정 요건을 갖추었을 때에는 전문무역상사로 지정하고, 그 결과를 신청인에게 통보하여야 한다.

④ 제1항부터 제3항까지에서 규정한 사항 외에 전문무역상사의 지정 절차 등에 관하여 필요한 사항은 산업통상자원부장관이 정하여 고시한다.

제9조(무역에 관한 조약의 이행을 위한 자료제출)
① 산업통상자원부장관은 우리나라가 체결한 무역에 관한 조약의 이행을 위하여 필요한 때에는 대통령령으로 정하는 바에 따라 관련 공공기관, 기업 및 단체 등으로부터 필요한 자료의 제출을 요구할 수 있다.
② 제1항에 따라 무역에 관한 조약의 이행을 위하여 필요한 자료를 직무상 습득한 자는 자료 제공자의 동의 없이 그 습득한 자료 중 기업의 영업비밀 등 비밀유지가 필요하다고 인정되는 기업정보를 타인에게 제공 또는 누설(漏洩)하거나 사용 목적 외의 용도로 사용하여서는 아니 된다.

제12조의3(전문무역상사에 대한 지원)
① 산업통상자원부장관은 전문무역상사를 통한 신시장의 개척, 신제품의 발굴 및 중소기업 또는 중견기업의 수출 촉진 등을 위하여 필요하다고 인정되는 경우에는 법 제8조의2제1항에 따라 전문무역상사의 국내외 홍보, 우수제품의 발굴, 해외 판로개척 등에 필요한 사항을 지원할 수 있다.
② 산업통상자원부장관은 제1항에 따른 지원과 관련하여 필요하다고 인정되는 경우에는 관계 중앙행정기관 및 지방자치단체, 무역 또는 통상 업무를 수행하는 기관이나 단체에 협조를 요청할 수 있다.

제13조(무역에 관한 조약의 이행을 위한 자료제출 요구)
산업통상자원부장관은 법 제9조제1항에 따라 자료제출을 요구하려면 제출대상 자료 및 제출기한 등을 적은 문서(전자문서를 포함한다)로 하여야 한다.

제14조 삭제

제15조 삭제

제3장 수출입 거래

제1절 수출입 거래 총칙

제10조(수출입의 원칙)
① 물품등의 수출입과 이에 따른 대금을 받거나 지급하는 것은 이 법의 목적의 범위에서 자유롭게 이루어져야 한다.
② 무역거래자는 대외신용도 확보 등 자유무역질서를 유지하기 위하여 자기 책임으로 그 거래를 성실히 이행하여야 한다.

제11조(수출입의 제한 등)
① 산업통상자원부장관은 다음 각 호의 어느 하나에 해당하는 이행 등을 위하여 필요하다고 인정하여 지정·고시하는 물품등의 수출 또는 수입을 제한하거나 금지할 수 있다.
1. 헌법에 따라 체결·공포된 조약과 일반적으로 승인된 국제법규에 따른 의무의 이행
2. 생물자원의 보호
3. 교역상대국과의 경제협력 증진
4. 국방상 원활한 물자 수급
5. 과학기술의 발전
6. 그 밖에 통상·산업정책에 필요한 사항으로서 대통령령으로 정하는 사항
② 제1항에 따라 수출 또는 수입이 제한되는 물품등을 수출하거나 수입하려는 자는 대통령령으로 정하는 바에 따라 산업통상자원부장관의 승인을 받아야 한다. 다만, 긴급히 처리하여야 하는 물품등과 그 밖에 수출 또는 수입 절차를 간소화하기 위한 물품등으로서 대통령령으로 정하는 기준에 해당하는 물품등의 수출 또는 수입은 그러하지 아니하다.
③ 제2항 본문에 따른 수출 또는 수입 승인(제8항에 따라 수출승인을 받은 것으로 보는 경우는 제외한다)의 유효기간은 1년으로 한다. 다만, 산업통상자원부장관은 국내외의 <!-- 경제 --> 사정, 물품등의 인도 조건 및 거래의 특성을 고려하여 대통령령으로 정하는 바에 따라 그 유효기간을 달리 정할 수 있다.
④ 제3항에 따른 수출 또는 수입 승인의 유효기간은 대통령령으로 정하는 바에 따라 연장할 수 있다.
⑤ 제2항에 따른 승인을 받은 자가 승인을 받은 사항 중 대통령령으로 정하는 중요한 사항을 변경하려면 산업통상자원부장관의 변경승인을 받아야 하고, 그 밖의 경미한 사항을 변경하려면 산업통상자원부장관에게 신고하여야 한다.
⑥ 산업통상자원부장관은 필요하다고 인정하면 제1항과 제2항에 따른 승인 대상 물품등의 품목별 수량·규격 및 수출 또는 수입지역 등을 한정할 수 있다.

제16조(수출입의 제한)
법 제11조제1항제6호에서 "대통령령으로 정하는 사항"이란 항공 관련 품목의 안전관리에 관한 사항을 말한다.

제17조 삭제

제18조(수출입의 승인 절차 등)
① 법 제11조제2항 본문에 따라 물품등의 수출 또는 수입의 승인을 신청하려는 자 및 법 제11조제4항에 따라 수출 또는 수입 승인의 유효기간 연장을 신청하려는 자는 산업통상자원부장관이 정하는 서류를 첨부하여 산업통상자원부장관에게 제출하여야 한다. 변경승인을 받으려는 경우에는 법 제11조제2항 본문에 따라 승인을 받은 경우만 해당한다)에도 같다.
② 산업통상자원부장관은 법 제11조제3항 단서에 따라 다음 각 호의 어느 하나에 해당하는 경우에는 해당 물품등의 수출입승인의 유효기간을 1년 미만으로 하거나 최장 2년의 범위에서 수출허가(법 제19조의2에 따른 수출허가의 유효기간만 해당한다)의 2년을 초과하는 경우에는 그 기간까지 수출입의 유효기간을 정할 수 있다.
1. 국내의 물가안정이나 수급 조정을 위하여 수출 또는 수입 승인의 유효기간을 1년 보다 단축할 필요가 있는 경우
2. 수출입계약 체결 후 물품등의 제조·가공 기간이 1년을 초과하는 경우
3. 수출입계약 체결 후 물품등이 1년 이내에 선적되거나 도착하기 어려운 경우
4. 제1호부터 제3호까지의 구성 외에 수출입 물품등의 인도 조건 및 거래의 특성을 고려하여 수출 또는 수입 승인의 유효기간을 1년보다 단축하거나 늘릴 필요가 있다고 인정되는 경우

⑦ 산업통상자원부장관은 제1항부터 제6항까지의 규정에 따른 제한·금지, 승인, 승인의 유효기간 설정 및 연장, 신고, 한정 및 그 절차 등을 정한 경우에는 이를 공고하여야 한다.
⑧ 제19조의2 또는 제32조에 따라 수출하거나 수출승인을 받거나 수출승인을 받은 자는 제2항에 따른 수출승인을 받은 것으로 본다.

③ 법 제11조제5항에서 "대통령령으로 정하는 중요한 사항"이란 다음 각 호를 말한다.
1. 물품등의 수량·가격
2. 수체
3. 수출 또는 수입의 당사자에 관한 사항

제19조(수출입승인의 면제)

법 제11조제2항 단서에서 "대통령령으로 정하는 기준에 해당하는 물품등"이란 다음 각 호의 물품등을 말한다.

1. 산업통상자원부장관이 정하여 고시하는 물품등으로서 외교관이나 그 밖에 산업통상자원부장관이 정하는 자가 출국하거나 입국하는 경우에 휴대하거나 세관에 신고하고 송부하는 물품등
2. 다음 각 목의 어느 하나에 해당하는 물품등 중 산업통상자원부장관이 관계 행정기관의 장과의 협의를 거쳐 위하여 주된 수출 또는 수입에 부수된 거래로서 수출·수입하는 물품등
   가. 긴급히 처리하여야 하는 물품등으로서 정상적인 수출·수입 절차를 밟아 수출·수입하기에 적합하지 아니한 물품등
   나. 무역거래를 원활하게 하기 위하여 주된 수출 또는 수입에 부수된 거래로서 수출·수입하는 물품등
   다. 주된 사업 목적을 달성하기 위하여 부수적으로 수출·수입하는 물품등
   라. 무상(無償)으로 수출·수입하여 무상으로 수입하거나, 무상으로 수입·수출할 목적으로 수출·수입하는 것으로서 사업 목적을 달성하기 위하여 부득이하다고 인정되는 물품등
   마. 산업통상자원부장관이 정하여 고시하는 지역에 수출하거나 산업통상자원부장관이 정하여 고시하는 지역으로부터 수입하는 물품등
   바. 공공성을 가지는 물품등이거나 이에 준하는 용도로 사용하기 위한 물품등으로서 따로 수출·수입을 관리할 필요가 없는 물품등
   사. 그 밖에 상행위 이외의 목적으로 수출·수입하는 물품등
3. 외국환 거래 없이 수입하는 물품등으로서 산업통상자원부장관이 정하여 고시하는 기준에 해당하는 물품등
4. 「해외이주법」에 따른 해외이주자가 해외이주를 위하여 반출하는 원자재, 시설재 및 장비로서 외교부장관이 산업통상자원부장관이 지정하는 기관의 장이 인정하는 물품등

제12조(통합 공고)

① 관계 행정기관의 장은 수출·수입요령을 제정하거나 개정하는 경우에는 그 수출·수입요령이 시행일 전에 제2항에 따라 공고될 수 있도록 이를 산업통상자원부장관에게 제출하여야 한다.

② 산업통상자원부장관은 제1항에 따라 제출받은 수출·수입요령을 통합하여 공고하여야 한다.

제13조(특정 거래 형태의 인정 등)

① 산업통상자원부장관은 물품등의 수출 또는 수입이 원활히 이루어질 수 있도록 대통령령으로 정하는 물품등의 거래 형태를 특정거래 형태의 수출입으로 인정할 수 있다.

② 기획재정부장관이 외국환 거래 관계 법령에 따라 무역대금 결제 방법을 정하려면 미리 산업통상자원부장관과 협의하여야 한다.

제14조(수출입 승인 면제의 확인)

산업통상자원부장관의 승인을 받지 아니하고 수출되거나 수입되는 물품등(제11조제2항 본문에 해당하는 물품등만을 말한다)이 제11조제2항 단서의 물품등에 해당하는지를 확인하여야 한다.

제15조(과학적 무역업무의 처리기반 구축)

① 산업통상자원부장관은 물품등의 수출입 거래가 질서 있고 효율적으로 이루어질 수 있도록 대외무역통계시스템 및 전자문서 교환체계 등 과학적 무역업무의 처리기반을 구축하기 위하여 노력하여야 한다.

② 산업통상자원부장관은 제1항에 따른 과학적 무역업무의 처리기반을 구축하기 위하여 필요하다고 인정되면 관계 행정기관의 장에게 대통령령으로 정하는 바에 따라 통관기록 등 물품등의 수출입 거래에 관한 정보를 제공하도록 요청할 수 있다. 이 경우 관계 행정기관의 장은 이에 협조하여야 한다.

제20조(특정 거래 형태의 수출입 인정)

① 법 제13조제1항에서 "대통령령으로 정하는 물품등의 수출입 거래 형태"란 해당 거래의 전부 또는 일부가 다음 각 호의 어느 하나에 해당하는 수출입 거래 형태로서 산업통상자원부장관이 정하여 고시하는 기준에 해당하는 거래(이하 "특정거래 형태"라 한다)를 말한다.

1. 법 제11조제1항에 따른 수출 또는 수입의 제한을 회피할 우려가 있는 거래
2. 산업 보호에 지장을 초래할 우려가 있는 거래
3. 외국에서 외국으로 물품등의 이동이 있고, 그 대금의 지급이나 영수(領收)가 국내에서 이루어지는 거래로서 대금 결제 상황의 확인이 곤란하다고 인정되는 거래
4. 대금 결제 없이 물품등의 이동만 이루어지는 거래

② 특정거래 형태의 인정 절차, 인정의 유효기간, 그 밖에 필요한 사항은 산업통상자원부장관이 정하여 고시한다.

③ 산업통상자원부장관은 특정거래 형태를 인정할 때에는 새로운 거래 형태의 파악 등을 위하여 필요한 경우에는 관계 행정기관의 장에게 협조를 요청할 수 있다.

제21조(전자문서관리체계의 개발·운영)

① 산업통상자원부장관은 수출입 거래가 질서 있고 효율적으로 이루어질 수 있도록 제15조제1항에 따라 다음 각 호의 전자문서관리체계를 개발·운영하여야 한다.

1. 무역거래자별 고유번호(이하 "무역업고유번호"라 한다)의 부여 및 관리 등 수출입통계 데이터베이스를 구축하기 위한 전산관리체계
2. 「불공정무역행위 조사 및 산업피해구제에 관한 법률」 제4조에 따른 물품등의 수출입행위를 방지하기 위한 전산관리체계

3. 효율적인 수출입 거래를 위한 다음 각 목의 전산관리체계
   가. 부문별 무역전산관리체계를 유기적으로 연계하기 위한 전산관리체계
   나. 관계 행정기관의 장이 필요하다고 인정하여 산업통상자원부장관과 협의하여 정한 해당 기관 소관의 무역 관련 전산관리체계
4. 그 밖에 무역업계의 요청에 따라 산업통상자원부장관이 필요하다고 인정하는 전산관리체계

② 산업통상자원부장관은 제1항에 따른 전산관리체계 개발・운영하기 위하여 필요하다고 인정하면 그 정비의 일부를 해당 전산관리체계의 개발・운영에 필요한 정보를 제공한 기관에 지원할 수 있다.

제22조(수출입 거래에 관한 정보의 수집・분석)

① 산업통상자원부장관은 제21조에 따른 전산관리체계를 개발・운영하는 데에 필요하면 법 제15조제2항에 따라 관세청장에게 다음 각 호의 정보를 요청할 수 있다.
1. 「관세법」제241조에 따라 신고한 무역거래자의 상호, 성명 등 무역거래자에 관련된 정보
2. 「관세법」제241조에 따라 신고한 각 신고별 신고 수리일, 수출 또는 수입 물품의 품명・수량・금액, 거래 형태 등에 관련된 정보로서 산업통상자원부장관이 정하는 정보

② 산업통상자원부장관은 제21조에 따른 전산관리체계를 개발・운영하기 위하여 제1항, 제92조제2항 및 제48조제1항에 따라 수집된 정보를 종합적으로 분석・관리하여야 한다.

③ 제1항과 제2항에 따른 정보의 제공 시기 및 방법, 정보의 형태, 그 밖에 정보 수집에 관하여 필요한 사항은 산업통상자원부장관이 정한다.

제23조(용역이나 전자적 형태의 무체물의 수출입 확인)

① 산업통상자원부장관은 제3조에 따른 용역이나 제4조에 따른 전자적 형태의 무체물을 수출입한 자가 수출입에 관한 자료를 받기 위하여 수출입 사실의 확인을 신청하면 수출입 확인을 할 수 있다.

② 제1항에 따른 수출입 확인에 필요한 세부 절차 등은 산업통상자원부장관이 정하여 고시한다.

③ 관계 행정기관의 장은 이 법의 목적의 범위에서 필요하다고 인정되면 산업통상자원부장관에게 제1항과 제2항에 따라 구축된 물품등의 수출입 거래에 관한 정보를 제공하도록 요청할 수 있다. 이 경우 산업통상자원부장관은 이에 협조하여야 한다.

제2절 외화획득용 원료·기재의 수입과 구매 등

제16조(외화획득용 원료·기재의 수입 승인 등)

① 산업통상자원부장관은 외화획득을 위하여 사용되는 물품등(원료·기재, 시설, 기계(機材) 등 외화획득용 물품등 (이하 "원료·기재"라 한다)의 수입에 대하여는 제11조제6항을 적용하지 아니할 수 있다. 다만, 국산 원료·기재의 사용을 촉진하기 위하여 필요한 경우에는 그러하지 아니하다.

② 산업통상자원부장관은 법 제16조제1항에 따라 외화획득용 원료·기재의 범위, 품목 및 수량을 정하여 공고할 수 있다.

③ 제1항에 따라 원료·기재를 수입한 자와 수입을 위탁한 자는 그 수입에 대응하는 외화획득을 하여야 한다. 다만, 제17조에 따라 산업통상자원부장관의 승인을 받은 경우에는 그러하지 아니하다.

④ 제3항에 따른 외화획득의 범위, 이행기간, 확인방법, 그 밖에 필요한 사항은 대통령령으로 정한다.

제24조(외화획득용 원료·기재의 수입승인)

① 법 제11조제2항에 따라 수입승인을 받아야 하는 물품등 중 제16조제1항 본문에 따른 외화획득용 원료·기재로 수입하려는 자는 산업통상자원부장관이 정하는 기준에 따라 산업통상자원부장관의 승인을 받아야 한다.

② 산업통상자원부장관은 법 제16조제1항 본문에 따라 국산 원료·기재의 사용을 촉진하기 위하여 외화획득용 수입을 제한하려는 경우에는 그 제한하려는 품목 및 수입에 필요한 절차를 정하여 고시하여야 한다.

제25조(외화획득용 원료·기재의 품목 및 수량)

① 법 제16조제2항에 따른 외화획득용 원료·기재의 수량은 외화획득을 위한 물품등의 1단위를 생산하기 위하여 제공되는 외화획득용 원료·기재의 기준 소요량을 말한다.

② 산업통상자원부장관은 제1항에 따른 물품등을 생산하는 데 필요한 외화획득용 원료·기재의 기준 소요량을 정하는 경우에는 해당 물품등을 생산하는 데 필요한 실제 수량 공정에서 생기는 평균 손실량을 포함시킬 수 있다.

③ 외화획득용 원료·기재의 품목별 소요량에 관한 계산서의 작성 기준 및 방법 등에 관하여 필요한 사항은 산업통상자원부장관이 정하여 고시한다.

제26조(외화획득의 범위)

① 법 제16조제4항에 따른 외화획득의 범위는 다음 각 호의 어느 하나에 해당하는 방법에 따라 외화를 획득하는 것으로 한다.
1. 수출
2. 주한 국제연합군이나 그 밖의 외국군 기관에 대한 물품등의 매도
3. 관광
4. 용역 및 건설의 해외 진출
5. 국내에서 물품등을 매도하는 것으로서 산업통상자원부장관이 정하는 기준에 해당하는 것

② 무역거래자가 외국의 수입업자로부터 수수료를 받고 행한 수출 알선은 제1항에 따른 외화획득행위에 준하는 행위로 본다.

제27조(외화획득 이행기간)

① 법 제16조제4항에 따른 외화획득의 이행기간은 다음 각 호의 구분에 따른 기간의 범위에서 산업통상자원부장관이 정하여 고시하는 기간으로 한다.

1. 외화획득용 원료·기재를 수입한 자가 직접 외화획득의 이행을 하는 경우 : 수입통관일 또는 공급일부터 2년
2. 다른 사람으로부터 외화획득용 원료·기재 또는 그 원료·기재로 제조된 물품등을 양수한 자가 외화획득의 이행을 하는 경우 : 양수일부터 1년
3. 외화획득을 위한 물품등을 생산하거나 비축하는 데에 2년 이상의 기간이 걸리는 경우 : 생산하거나 비축하는 데에 걸리는 기간에 상당하는 기간
4. 수출이 완료된 기계류의 하자 및 유지 보수를 위한 외화획득용 원료·기재인 경우 : 하자 및 유지 보수 완료일부터 2년

② 외화획득 이행의무자는 제1항에 따른 기간 내에 외화획득의 이행을 할 수 없다고 인정되면 산업통상자원부장관이 정하는 서류를 갖추어 산업통상자원부장관에게 그 기간의 연장을 신청하여야 한다.

③ 산업통상자원부장관은 제2항에 따른 신청을 받은 경우 그 신청이 타당하다고 인정할 때에는 외화획득의 이행기간을 연장할 수 있다.

제28조(외화획득용 원료·기재의 사후 관리)

① 산업통상자원부장관은 제24조에 따라 승인을 받아 수입한 외화획득용 원료·기재 및 그 원료·기재로 제조된 물품등에 대하여는 외화획득의무자의 외화획득 이행 여부를 사후 관리하여야 한다.

② 산업통상자원부장관은 산업통상자원부장관이 정하여 고시한 요건을 갖춘 자가 법 제11조제2항에 따른 수입승인을 받아 수입한 외화획득용 원료·기재에 대하여는 제1항에도 불구하고 수입승인을 받은 자가 사후 관리하도록 할 수 있다. 법 제17조에 따라 외화획득용 원료·기재를 양수한 자로서 산업통상자원부장관이 정하여 고시한 요건을 갖춘 자의 경우에도 또한 같다.

③ 제1항과 제2항에 따른 사후 관리는 외화획득 이행의무자별 및 품목별로 분기에 수입한 총량을 대상으로 행하되, 사후 관리의 방법 등에 관하여 필요한 사항은 산업통상자원부장관이 정하여 고시한다.

제17조(외화획득용 원료·기재의 목적 외 사용 등)

① 제16조제1항에 따라 원료·기재 또는 그 원료·기재로 제조된 물품등을 수입한 자는 그 수입한 원료·기재 또는 그 원료·기재로 제조된 물품등을 부득이한 사유로 인하여 당초의 목적 외의 용도로 사용하려면 대통령령으로 정하는 바에 따라 산업통상자원부장관의 승인을 받아야 한다. 다만, 대통령령으로 정하는 원료·기재 또는 그 원료·기재로 제조된 물품등에 대하여는 그러하지 아니하다.

② 제16조제1항에 따라 수입한 원료·기재 또는 그 원료·기재로 제조된 물품등을 당초의 목적 외의 용도로 사용하거나 수출하려는 자와 함께 양도하려는 때에는 양도하는 자와 양수(讓受)하려는 자가 함께 산업통상자원부장관의 승인을 받아야 한다. 다만, 대통령령으로 정하는 원료·기재 또는 그 원료·기재로 제조된 물품등에 대하여는 그러하지 아니하다.

③ 제2항에 따라 원료·기재 또는 그 원료·기재로 제조된 물품등을 양수한 자에 관하여는 제16조제3항 및 제4항을 준용한다.

제29조(외화획득용 원료·기재의 사후 관리 면제)

산업통상자원부장관은 제28조제1항에도 불구하고 다음 각 호의 어느 하나에 해당하는 경우에는 사후 관리를 하지 아니할 수 있다.

1. 품목별 외화획득 이행 의무 미이행률이 10퍼센트 이하인 경우
2. 외화획득 이행의무자의 분기별 미이행률이 10퍼센트 이하이고, 그 미이행 금액이 미화 2만 달러에 상당하는 금액 이하인 경우
3. 외화획득 이행의무의 책임이 없는 사유로 외화획득의 이행을 하지 못한 경우로서 산업통상자원부장관이 인정하는 경우
4. 해당 품목의 수급상 대내외의 여건의 변동으로 인하여 외화획득의 이행을 할 필요가 없는 경우 등 산업통상자원부장관이 사후관리를 할 필요성이 없어진 것으로 인정하는 경우

제30조(외화획득용 원료·기재의 사용목적 변경승인 등)

① 법 제17조제1항 본문에 따라 외화획득용 원료·기재 또는 그 원료·기재로 제조된 물품등의 사용 목적 변경승인을 받으려는 자는 신청서에 산업통상자원부장관이 정하는 서류를 첨부하여 산업통상자원부장관에게 제출하여야 한다.

② 법 제17조제1항 본문에서 "부득이한 사유"란 다음 각 호의 어느 하나에 해당하는 경우를 말한다.

1. 우리나라나 교역상대국의 전쟁·사변, 천재지변 또는 제도 변경으로 인하여 외화획득의 이행을 할 수 없게 된 경우
2. 외화획득용 원료·기재로 생산된 물품등으로서 그 물품등을 생산하는 데에 고도의 기술이 필요하여 외화획득의 이행에 앞서 시험제품을 생산할 필요가 있는 경우
3. 외화획득 이행의무자의 책임이 없는 사유로 외화획득의 이행을 할 수 없는 경우
4. 그 밖에 산업통상자원부장관이 불가항력으로 외화획득의 이행을 할 수 없다고 인정한 경우

③ 법 제17조제1항 단서에서 "대통령령으로 정하는 원료·기재 또는 그 원료·기재로 제조된 물품등"이란 다음 각 호의 어느 하나에 해당하는 물품등을 말한다.

1. 제25조제2항에 따른 평균 손실량에 해당하는 외화획득용 원료·기재로 제조된 물품등
2. 제29조제4호에 해당하는 외화획득용 원료·기재

④ 법 제17조제2항에 따라 외화획득용 원료·기재 또는 그 원료·기재로 제조된 물품등의 양도·양수 승인을 받으려는 자는 신청서에 산업통상자원부장관이 정하는 서류를 첨부하여 산업통상자원부장관에게 제출하여야 한다.

⑤ 법 제17조제2항 단서에서 "대통령령으로 정하는 원료·기재"란 제29조 각 호의 어느 하나에 해당하는 외화획득용 원료·기재를 말한다.

제18조(구매확인서의 발급 등)
① 산업통상자원부장관은 외화획득용 원료·기재를 구매하려는 자가 「부가가치세법」 제24조에 따른 영(零)의 세율을 적용받기 위하여 확인을 신청하면 외화획득용 원료·기재를 구매하는 것임을 확인하는 서류(이하 "구매확인서"라 한다)를 발급할 수 있다.
② 산업통상자원부장관은 구매확인서를 발급받은 자에 대하여는 외화획득용 원료·기재의 구매 여부를 사후관리하여야 한다.
③ 제1항과 제2항에 따른 구매확인서의 신청·발급절차 및 사후관리 등에 필요한 사항은 대통령령으로 정한다.

제31조(구매확인서의 신청·발급 등)
① 법 제18조제1항에 따른 구매확인서를 발급받으려는 자는 구매확인신청서에 다음 각 호의 서류를 첨부하여 산업통상자원부장관에게 제출하여야 한다.
 1. 구매자·공급자에 관한 서류
 2. 외화획득용 원료·기재의 가격·수량 등에 관한 서류
 3. 외화획득용 원료·기재라는 사실을 증명하는 서류로서 산업통상자원부장관이 정하여 고시하는 서류
② 산업통상자원부장관은 제1항에 따른 신청을 받은 경우 신청인이 구매하려는 원료·기재가 제26조에 따른 외화획득의 범위에 해당하는지를 확인하여 발급 여부를 결정한 후 구매확인서를 발급하여야 한다.
③ 제1항과 제2항에서 규정한 것 외에 구매확인서의 발급 등에 필요한 세부 사항은 산업통상자원부장관이 정하여 고시한다.

제3절 전략물자의 수출입

제19조(전략물자)

산업통상자원부장관은 관계 행정기관의 장과 협의하여 국제평화 및 안전유지와 국가안보를 위하여 필요하다고 인정하는 경우에는 대통령령으로 정하는 국제수출통제체제 또는 이에 준하는 다자간 수출통제 공조(이하 "국제수출통제체제 공조"라 한다)에 따라 수출허가 등 제한이 필요한 물품등(대통령령으로 정하는 기술을 포함한다. 이하 이 절에서 같다)을 지정·고시하여야 한다.

제32조(국제수출통제체제 등)

법 제19조에서 "대통령령으로 정하는 국제수출통제체제 또는 이에 준하는 다자간 수출통제 공조"란 다음 각 호의 국제수출통제체제 또는 공조(이하 "국제수출통제체제 등"이라 한다)를 말한다.

1. 바세나르체제(WA)
2. 핵공급국그룹(NSG)
3. 미사일기술통제체제(MTCR)
4. 오스트레일리아그룹(AG)
5. 화학무기의 개발·생산·비축·사용 금지 및 폐기에 관한 협약(CWC)
6. 생물무기(생물무기)의 개발·생산·비축·사용 금지 및 폐기에 관한 협약(BWC)
7. 무기거래조약(ATT)
8. 제1호부터 제7호까지의 어느 하나에 해당하는 국제수출통제체제에서 노의된 안건에 대해 다수의 회원국이 수출통제 조치를 취하거나 수출통제 조치를 지지하는 등의 방식으로 이루어지는 공조

제32조의2(수출허가 등의 제한이 필요한 기술)

법 제19조에서 "대통령령으로 정하는 기술"이란 국제수출통제체제에서 정하는 물품의 제조·개발·사용 또는 보관 등에 관한 기술로서 산업통상자원부장관이 관계 행정기관의 장과 협의하여 고시하는 기술을 말한다. 다만, 다음 각 호의 어느 하나에 해당하는 기술은 제외한다.

1. 일반에 공개된 기술
2. 기초과학연구에 관한 기술
3. 특허 출원에 필요한 최소한의 기술
4. 다음 각 목의 어느 하나에 해당하는 허가를 받은 물품등의 설치, 운용, 점검, 유지 및 보수에 필요한 최소한의 기술
   가. 법 제19조제2항에 따른 수출허가(이하 "수출허가"라 한다)
   나. 법 제19조제3항에 따른 상황허가(이하 "상황허가"라 한다)
   다. 법 제19조제4항에 따른 경유 또는 환적허가(이하 "경유 또는 환적허가"라 한다)
   라. 법 제19조제5항 본문에 따른 중개허가(이하 "중개허가"라 한다)

제19조의2(수출허가)

법 제19조에 따라 지정·고시된 물품등(이하 "전략물자"라 한다) 수출(제19조에 따른 기술이 다음 각 호의 어느 하나에 해당하는 경우로서 대통령령으로 정하는 경우를 포함한다. 이하 제19조의3부터 제19조의7까지, 제20조, 제20조의2, 제21조, 제22조, 제24조, 제25조, 제28조, 제30조, 제47조부터 제49조까지, 제53조제1항, 제53조제2항·제3항·제5호·제3호의2·제4호·제5호·제5호의2부터 제5호의5까지·제6호·제7호·제7호의2 및 제53조의2제1호에서 같다)하려는 자 또는 수출신고(제241조제1항에 따른 수출신고를 말한다. 이하 같다)하려는 자는 대통령령으로 정하는 바에 따라 산업통상자원부장관이나 관계 행정기관의 장이 허가(이하 "수출허가"라 한다)를 받아야 한다. 다만, "방위사업법」제57조제2항에 따라 허가를 받은 방위산업물자 및 국방과학기술이 전략물자에 해당하는 경우에는 그러하지 아니하다.

1. 국내에서 국외로의 이전
2. 국내 또는 국외에서 대한민국 국민(외국의 영주권을 취득한 자로서 「외국환거래법」제3조제1항제1호에 따른 비거주자는 제외한다. 이하 같다)으로부터 외국인(외국의 영주권을 취득한 자로서 「외국환거래법」제3조제1항제1호에 따른 비거주자를 포함한다)에게로의 이전

제32조의3(기술이전)

법 제19조의2 각 호 외의 부분 본문에서 "대통령령으로 정하는 경우"란 제32조의2 각 호 외의 부분에 따라 고시하는 기술이 다음 각 호의 어느 하나에 해당하는 방법으로 이전하는 경우를 말한다.

1. 전화, 팩스, 이메일 등 정보통신망을 통한 이전
2. 지시, 교육, 훈련, 실연(實演) 등 구두나 행위를 통한 이전
3. 종이, 필름, 자기디스크, 광디스크, 반도체메모리 등 기록매체나 컴퓨터 등 정보처리장치를 통한 이전

제33조(수출허가 또는 상황허가의 신청 등)

① 법 제19조의2 및 제19조의3에 따라 전략물자 또는 전략물자에는 해당되지 않으나 대량파괴무기와 그 운반수단인 미사일 및 재래식무기(이하 "대량파괴무기등"이라 한다)의 제조·개발·사용 또는 보관 등의 용도로 전용(轉用)될 가능성이 높은 물품등을 수출(법 제19조의2 각 호의 어느 하나에 해당하는 방법으로 이전되는 경우를 포함한다. 이하 이 조, 제33조의2부터 제33조의6까지, 제36조 및 제43조부터 제47조까지에서 같다)하려는 자 또는 수출신고(「관세법」제241조제1항에 따른 수출신고를 말한다)하려는 자는 전략물자 수출허가 신청서나 상황허가 신청서에 산업통상자원부장관이나 관계 행정기관의 장에게 다음 각 호의 서류를 첨부하여 산업통상자원부장관이나 관계 행정기관의 장에게 제출해야 한다.

1. 수출계약서, 수출가계약서(輸出假契約書) 또는 이에 준하는 서류
2. 수입국의 정부가 발행하는 수입목적확인서 또는 이에 준하는 서류
3. 수출하는 물품등의 성능과 용도를 표시하는 서류
4. 수출하는 물품등의 기술적 특성에 관한 서류
4의2. 수출하는 물품등의 용도 등에 관한 최종사용자의 서약서
5. 그 밖에 수출하거나 상황허가에 필요한 서류로서 산업통상자원부장관이 정하여 고시하는 서류

② 제1항에 따른 수출허가 또는 상황허가의 신청을 받은 산업통상자원부장관 또는 관계 행정기관의 장은 15일 이내에 수출허가나 상황허가의 여부를 결정하고 그 결과를 신청인에게 알려야 한다. 다만, 수출허가나 상황허가를 신청한 물품등에 대하여 별도의 기술 심사, 국내외 관계기관과의 협의 또는 현지조사가 필요한 경우에는 그 협의나 현지조사를 하는 데에 걸리는 기간은 본문에 따른 기간에 산입하지 아니한다.

제19조의3(상황허가)

전략물자에는 해당되지 아니하나 대량파괴무기와 그 운반수단인 미사일 및 재래식무기(이하 "대량파괴무기등"이라 한다)의 제조·개발·사용 또는 보관 등의 용도로 전용될 가능성이 높은 물품등을 수출하려는 자 또는 수출신고하려는 자는 수입자나 최종사용자 등이 이를 대량파괴무기등의 제조·개발·사용 또는 보관 등의 용도로 전용할 의도가 있음을 알았거나 다음 각 호의 어느 하나에 해당되어 그러한 의도가 있다고 의심되면 대통령령으로 정하는 바에 따라 산업통상자원부장관이나 관계 행정기관의 장이 정하는 허가(이하 "상황허가"라 한다)를 받아야 한다.

1. 수입자가 해당 물품등의 최종용도에 관하여 필요한 정보 제공을 기피하는 경우
2. 해당 물품등이 최종사용자의 사업 분야에 해당되지 아니하는 경우
3. 해당 물품등이 수입국의 기술수준과 현저한 격차가 있는 경우
4. 최종사용자가 해당 물품등이 활용될 분야의 사업 경험이 없는 경우
5. 최종사용자가 해당 물품등에 대한 전문적 지식이 없으면서도 그 물품등의 수출을 요구하는 경우
6. 최종사용자가 해당 물품등에 대한 설치·보수 또는 교육훈련 서비스를 거부하는 경우
7. 해당 물품등의 최종수하인이 운송주선인인 경우
8. 해당 물품등에 대한 가격조건이나 지불조건이 통상적인 범위를 벗어나는 경우
9. 해당 물품등의 납기일이 통상적인 기간을 벗어난 경우
10. 해당 물품등의 수송경로가 통상적인 경로를 벗어난 경우
11. 해당 물품등의 수입국 내 사용 또는 재수출 여부가 명백하지 아니한 경우
12. 해당 물품등에 대한 정보나 목적지 등에 대하여 통상적인 범위를 벗어나는 보안을 요구하는 경우
13. 그 밖에 국제정세의 변화 또는 국가안보관련 사유의 발생 등으로 관계 행정기관의 장과 협의하여 산업통상자원부장관이 상황허가를 받도록 정하여 고시하는 경우

제19조의4(경유 또는 환적허가)

전략물자 또는 상황허가 대상인 물품등(이하 "전략물자등"이라 한다)을 국내 항만이나 공항을 경유하거나 국내에서 환적하려는 자는 대통령령으로 정하는 바에 따라 산업통상자원부장관이나 관계 행정기관의 장이 정하는 허가(이하 "경유 또는 환적허가"라 한다)를 받아야 한다.

제33조의2(경유 또는 환적허가의 신청 등)

① 법 제19조의4에 따라 전략물자 또는 상황허가 대상인 물품등(이하 "전략물자등"이라 한다)을 국내 항만이나 공항을 경유하거나 국내에서 환적하려는 자는 다음 각 호의 어느 하나에 해당하는 경우에 경유 또는 환적허가를 받아야 한다.

1. 수입자나 최종사용자 등이 전략물자등을 대량파괴무기등의 제조·개발·사용 또는 보관 등의 용도로 이용할 의도를 알았거나 법 제19조의3 각 호의 어느 하나에 준하는 경우에 해당되어 그러한 의도가 있다고 의심되는 경우

2. 산업통상자원부장관 또는 관계 행정기관의 장으로부터 경유 또는 환적허가를 받아야 하는 것으로 통보받은 경우

② 법 제19조의4에 따라 경유 또는 환적허가를 받으려는 자는 산업통상자원부장관이 고시하는 경유 또는 환적허가 신청서에 산업통상자원부장관이 정하여 고시하는 바에 따라 다음 각 호의 서류를 첨부하여 산업통상자원부장관 또는 관계 행정기관의 장에게 제출해야 한다.

1. 거래계약서 또는 이에 준하는 서류
2. 해당 경유 또는 환적에 관련된 수출자, 수입자, 최종사용자 등에 관한 서류
3. 그 밖에 전략물자등의 경유 또는 환적허가에 필요한 서류로서 산업통상자원부장관이 정하여 고시하는 서류

③ 제2항에 따른 경유 또는 환적허가 신청서를 제출받은 산업통상자원부장관이나 관계 행정기관의 장은 15일 이내에 경유 또는 환적허가 여부를 결정하고 그 결과를 신청인에게 알려야 한다. 다만, 경유 또는 환적허가를 신청한 전략물자등에 대하여 별도의 기술 심사, 국내외 관계기관과의 협의 또는 현지조사가 필요한 경우 이를 위하여 걸리는 기간은 본문에 따른 기간에 산입하지 않는다.

제19조의5(중개허가)

전략물자등이 제3국에서 다른 제3국으로 수출되도록 중개하려는 자는 대통령령으로 정하는 바에 따라 산업통상자원부장관이나 관계 행정기관의 장의 허가(이하 "중개허가"라 한다)를 받아야 한다. 다만, 「방위사업법」 제57조제2항에 따라 허가를 받은 방위산업물자 및 국방과학기술이 전략물자등에 해당하는 경우에는 그러하지 아니하다.

제33조의3(중개허가의 신청 등)

① 법 제19조의5에 따라 전략물자등을 중개하려는 자는 전략물자등 중개허가 신청서에 산업통상자원부장관이 정하여 고시하는 바에 따라 다음 각 호의 서류를 첨부하여 산업통상자원부장관이나 관계 행정기관의 장에게 제출해야 한다.

1. 거래계약서, 거래가의향서(去來假意向書) 또는 이에 준하는 서류
2. 해당 중개에 관련된 수출자, 수입자, 중개자 등에 관한 서류
3. 중개하는 전략물자등의 성능과 용도를 표시하는 서류
4. 중개하는 전략물자등의 기술적 특성에 관한 서류
5. 중개하는 전략물자등의 용도 등에 관한 최종사용자의 서약서
6. 그 밖에 전략물자등의 중개허가에 필요한 서류로서 산업통상자원부장관이 정하여 고시하는 서류

② 제1항에 따른 중개허가 신청을 받은 산업통상자원부장관이나 관계 행정기관의 장은 15일 이내에 중개허가 여부를 결정하고 그 결과를 신청인에게 알려야 한다. 다만, 중개허가를 신청한 물품등에 대하여 별도의 기술 심사, 국내외 관계기관과의 협의 또는 현지조사가 필요한 경우 이를 위하여 걸리는 기간은 본문에 따른 기간에 산입하지 않는다.

제19조의6(허가 심사 등)

① 산업통상자원부장관이나 관계 행정기관의 장은 수출허가, 상황허가, 경유 또는 환적허가 및 중개허가의 신청을 받으면 다음 각 호의 기준을 고려하여 해당 허가를 할 수 있다. 이 경우 대통령령으로 정하는 바에 따라 해당 허가를 할 수 있다.

1. 해당 전략물자의 평화적 목적에 사용될 것
2. 해당 전략물자등의 거래가 국제평화와 및 안전유지와 국가안보에 영향을 미치지 아니할 것
3. 해당 전략물자등의 수입자나 최종사용자 등이 거래에 적합한 자격을 가지고 그 사용용도를 신뢰할 수 있을 것
4. 그 밖에 국제수출통제체제에 따라 관계 행정기관의 장과 협의하여 산업통상자원부장관이 정하여 고시하는 기준에 부합할 것

② 산업통상자원부장관이나 관계 행정기관의 장은 제1항 각 호의 기준에 부합하는지를 확인하기 위하여 필요하다고 인정하는 경우 최종사용자 및 사용용도 관련 서류 보완, 증빙자료 제출 등을 요구할 수 있다.

③ 산업통상자원부장관이나 관계 행정기관의 장은 제외공관에서 사용될 공용물품을 수출하는 경우 등 대통령령으로 정하는 사유에 해당하는 경우에는 수출허가, 상황허가, 경유 또는 환적허가 및 중개허가를 면제하는 경우에도 이 경우 해당 허가 면제 사유에 해당하는지를 확인하기 위하여 허가를 면제 받은 자에게 산업통상자원부장관이 정하여 고시하는 서류를 제출하도록 할 수 있다.

제33조의4(조건부 허가)

수출허가, 상황허가, 경유 또는 환적허가 및 중개허가의 신청을 받은 산업통상자원부장관 또는 관계 행정기관의 장은 법 제19조의6제1항 각 호 외의 부분 후단에 따라 다음 각 호의 서류를 제출할 것을 조건으로 수출허가, 상황허가, 경유 또는 환적허가 및 중개허가를 할 수 있다.

1. 전략물자등의 설치 여부를 입증할 수 있는 사진, 문서 등을 포함한 설치확인서
2. 전략물자등의 사용 또는 보관 여부를 입증할 수 있는 사진, 문서 등을 포함한 이행점검 보고서
3. 그 밖에 산업통상자원부장관 또는 관계 행정기관의 장이 수출허가, 상황허가, 경유 또는 환적허가 및 중개허가의 사후관리를 위해 필요하다고 인정하는 서류

제33조의5(수출허가 등의 유효기간)

① 다음 각 호의 어느 하나에 해당하는 허가의 유효기간은 1년으로 한다.

1. 수출허가
2. 상황허가
3. 경유 또는 환적허가
4. 중개허가

② 산업통상자원부장관 또는 관계 행정기관의 장은 다음 각 호의 어느 하나에 해당하는 경우에는 제1항 각 호에 따른 허가의 유효기간을 달리 정할 수 있다.

1. 제32조의2에 따라 산업통상자원부장관이 정하여 고시하는 기술을 수출하려는 경우
2. 법 제22조제2항에 따른 자율준수무역거래자(법 제19조의2 및 제32조의3에 따른 기술의 이전 행위의 전부 또는 일부를 위임하거나 기술이전에 대하여 허가를 하는 자를 포함한다. 이하 제43조부터 제46조까지 및 제75조에서 같다)에 해당하는 수출이전 행위를 하는 경우
3. 제1호 및 제2호 외에 전략물자등의 인도 조건, 대금 결제의 기간이나 조건, 경유 또는 환적이나 중개 등과 관련된 거래 등을 고려하여 산업통상자원부장관이 관계 행정기관의 장과 협의하여 필요하다고 인정하는 경우

③ 제2항에 따른 허가 유효기간의 설정과 관련된 세부적인 사항은 산업통상자원부장관이 관계 행정기관의 장과 협의하여 고시한다.

제33조의6(수출허가 등의 면제)

① 법 제19조의6제3항에 따라 다음 각 호의 어느 하나에 해당하는 경우에는 전략물자의 수출허가 또는 상황허가를 면제한다.

1. 제외공관, 해외에 파견된 우리나라 군대 또는 외교사절 등에 사용될 공용물품을 수출하는 경우

	2. 선박 또는 항공기의 안전운항을 위하여 긴급 수리용으로 사용될 기계, 기구 또는 부품 등을 수출하는 경우 3. 그 밖에 수출허가 및 중개허가 상황허가의 면제가 필요하다고 인정하여 산업통상자원부장관이 관계 행정기관의 장과 협의하여 고시하는 경우 ② 법 제19조의6제3항에 따라 산업통상자원부장관이 수출 또는 환적하기의 면제가 필요하다고 인정하는 경우 또는 환적하기를 면제할 수 있다. ③ 법 제19조의6제3항에 따라 다음 각 호의 어느 하나에 해당하는 경우에는 중개허가를 면제한다. 1. 국제수출통제체제등이 승인하는 수출국으로부터 수출되거나 수입되는 경우 2. 산업통상자원부장관이 고시하는 지역에서 중개의 면제가 필요하다고 인정하여 관계 행정기관의 장과 협의하여 고시하는 경우 3. 그 밖에 산업통상자원부장관이 중개허가의 면제가 필요하다고 인정하여 관계 행정기관의 장과 협의하여 고시하는 경우
	제34조 삭제 **제35조 삭제**
제19조의7(허가 취소) ① 산업통상자원부장관이나 관계 행정기관의 장은 수출허가, 상황허가, 경유 또는 환적허가 및 중개허가를 한 후 다음 각 호의 어느 하나에 해당하는 경우에는 해당 허가를 취소할 수 있다. 1. 거짓 또는 부정한 방법으로 허가를 받은 사실이 발견된 경우 2. 전쟁, 테러 등 국가 간 안보 또는 대량파괴무기등의 이동 · 확산 우려 등과 같은 국제정세의 변화가 있는 경우 ② 제1항에 따라 허가를 취소한 경우 산업통상자원부장관이나 관계 행정기관의 장은 그 사실을 관계 행정청에 즉시 통보하여야 한다.	**제36조(전문물자의 판정 신청 등)** ① 법 제20조제1항 전단에 따라 해당 물품등이 전략물자인지 또는 법 제19조의3제13호에 따른 상황하기가 대상 물품등인지를 확인하기 위하여 판정을 받으려는 자는 판정신청서에 다음 각 호의 서류를 첨부하여 산업통상자원부장관이나 관계 행정기관의 장에게 제출하여야 한다. 1. 물품등의 성능과 용도를 표시하는 서류 2. 물품등의 기술적 특성에 관한 서류 3. 그 밖에 산업통상자원부장관이나 관계 행정기관의 장이 전략물자인지 또는 법 제19조의3제13호에 따른 상황하기가 대상 물품등인지를 판정하는 데 필요하다고 인정하여 고시하는 서류 ② 제1항에 따른 신청을 받은 산업통상자원부장관이나 관계 행정기관의 장은 15일 이내에 신청한 물품등이 전략물자인지 또는 법 제19조의3제13호에 따른 상황하기가 대상 물품등인지를 판정하여 신청인에게 알려야 한다. 다만, 판정을 신청한 물품등에 대하여 별도의 기술 심사나 다른 관계 행정기관과의 협의가 필요한 경우 그 기술 심사나 협의를 하는 데에 필요한 기간은 판정 기간에 산입하지 아니한다.
제20조(전문판정) ① 물품등을 수출, 수출신고, 경유, 환적 또는 중개하려는 자(제19조의2에 따른 기술이전 행위의 전부 또는 일부를 위임받은 기술이전 행위를 포함한다. 이하 이 조, 제20조의2, 제22조의2 및 제28조에서 같다) 또는 정보수사기관의 장은 해당 물품등이 전략물자인지 또는 제19조의3제13호에 따른 상황하기가 대상 물품등인지를 확인하기 위하여 대통령령으로 정하는 바에 따라 산업통상자원부장관이나 관계 행정기관의 장에게 "전문판정"이라 한다)을 신청할 수 있다. 이 경우 산업통상자원부장관이나 관계 행정기관의 장은 제25조에 따른 전략물자관리원의 장 또는 대통령령으로 정하는 관련 전문기관에 전문판정을 무역인보관리원의 장 또는 대통령령으로 정하는 관련 전문기관에 전문판정을 위임하거나 위탁할 수 있다.	

② 산업통상자원부장관이나 관계 행정기관의 장은 물품등을 수출, 수출신고, 경유, 환적 또는 중개하려는 자가 전문판정을 신청할 경우 물품등의 성능, 용도 및 기술적 특성과 판련하여 제공한 정보의 사실 여부를 점검할 수 있다.

③ 제2항에 따른 판정의 유효기간은 2년으로 한다.

④ 삭제

제37조(전략물자 판정 업무 등의 위탁)

원자력안전위원회 또는 방위사업청장은 법 제20조제1항 후단에 따라 그 소관 물품등이 전략물자인지 또는 법 제19조의3제13호에 따른 상황허가 대상 물품등인지에 대한 제36조제2항의 판정 및 통보 업무를 다음 각 호의 구분에 따라 위탁한다.

1. 원자력안전위원회: 「원자력안전법」 제6조에 따른 한국원자력통제기술원
2. 방위사업청장: 「방위사업법」 제32조에 따른 국방기술품질원

제20조의2(자가판정)

① 제20조에도 불구하고 물품등을 수출, 수출신고, 경유, 환적 또는 중개하려는 자로서 산업통상자원부장관이 고시하는 교육을 이수한 자는 해당 물품등이 전략물자인지 또는 법 제19조의3제13호에 따른 상황허가 대상 물품등인지를 스스로 확인하기 위하여 자가판정(이하 "자가판정"이라 한다)을 할 수 있다. 이 경우 자가판정을 한 자는 물품등의 성능과 용도 및 기술적 특성 등 산업통상자원부장관이 고시하는 정보를 제24조의 전략물자 수출입관리 정보시스템에 등록하여야 한다.

② 제1항에도 불구하고 다음 각 호의 어느 하나에 해당하는 경우에는 자가판정을 할 수 없다.
1. 기술(제22조에 따른 자율준수무역거래자 중 산업통상자원부장관이 고시하는 무역거래자가 기술을 수출하는 경우는 제외한다)
2. 그 밖에 산업통상자원부장관이 자가판정의 대상이 아닌 것으로 고시하는 물품등

③ 산업통상자원부장관이나 관계 행정기관의 장은 물품등을 수출, 수출신고, 경유, 환적 또는 중개하려는 자가 제1항에 따라 스스로 한 자가판정의 결과를 점검할 수 있다.

제21조(이동증지명령 등)

① 산업통상자원부장관 또는 관계 행정기관의 장은 전략물자등의 장은 허가를 받지 아니하고 수출, 경유, 환적, 한적되거나 거짓이나 그 밖의 부정한 방법으로 허가를 받아 수출, 경유, 환적되는 것(이하 "무허가수출등"이라 한다)을 막기 위하여 필요하면 적법한 수출, 경유, 환적이라는 확인될 때까지 이동증지명령을 할 수 있다.

② 제1항에도 불구하고 산업통상자원부장관 또는 관계 행정기관의 장은 무허가수출등을 막기 위하여 긴급하게 그 이동을 제한할 필요가 있으면 적법한 수출, 경유, 환적이라는 사실이 확인될 때까지 직접 이동증지조치를 할 수 있다.

제38조 삭제

제39조 삭제

제40조 삭제

제40조의2 삭제

제40조의3 삭제

제41조 삭제

③ 산업통상자원부장관 또는 관계 행정기관의 장은 제2항에 따른 이동중지조치를 하기가 적정하지 아니하면 다른 행정기관의 장에게 협조를 요청할 수 있다. 이 경우 협조를 요청받은 행정기관은 국가 간 무허가수출등을 막을 수 있도록 협조하여야 한다.

④ 제2항에 따라 이동중지조치를 하는 공무원은 그 권한을 표시하는 증표를 지니고 이를 관계인에게 내보여야 한다.

⑤ 제1항에 따른 이동중지명령 및 제2항에 따른 이동중지조치의 기간과 방법은 국가 간 무허가수출등을 막기 위하여 필요한 최소한도에 그쳐야 한다.

제41조의2 삭제

제42조 삭제

제42조의2 삭제

제22조(자율준수무역거래자)

① 산업통상자원부장관은 기업 또는 대통령령으로 정하는 대학 및 연구기관의 자율적인 전략물자 수출입관리 능력을 높이기 위하여 전략물자 수출입과 관련한 판정능력, 수입자 및 최종사용자에 대한 분석능력 등 대통령령으로 정하는 능력을 갖춘 무역거래자를 자율준수무역거래자로 지정할 수 있다.

② 산업통상자원부장관은 제1항에 따라 지정을 받은 자율준수무역거래자(이하 이 조에서 "자율준수무역거래자"라 한다)에게 대통령령으로 정하는 바에 따라 전략물자에 대한 수출입관리 업무의 일부를 자율적으로 관리하게 할 수 있다.

③ 자율준수무역거래자는 제2항에 따라 자율적으로 관리하는 전략물자의 수출실적 등을 대통령령으로 정하는 바에 따라 산업통상자원부장관에게 보고하여야 한다.

④ 삭제

제43조(자율준수무역거래자의 지정 등)

① 법 제22조제1항에서 "대통령령으로 정하는 대학 및 연구기관"이란 다음 각 호의 어느 하나에 해당하는 대학 및 연구기관을 말한다.

1. 「고등교육법」제2조에 따른 대학, 산업대학, 전문대학 및 기술대학
2. 「과학기술분야 정부출연연구기관 등의 설립·운영 및 육성에 관한 법률」에 따라 설립된 과학기술분야 정부출연연구기관
3. 「기초연구진흥 및 기술개발지원에 관한 법률」제14조의2제1항에 따라 인정받은 기업부설연구소
4. 「산업기술연구조합 육성법」에 따른 산업기술연구조합
5. 국·공립 연구기관
6. 특정연구기관 육성법 제2조에 따른 특정연구기관
7. 산업기술혁신 촉진법 제42조에 따른 전문생산기술연구소

② 법 제22조제1항에서 "전략물자 수출입과 관련한 판정능력, 수입자 및 최종사용자에 대한 분석능력 등 대통령령으로 정하는 능력"이란 다음 각 호의 능력을 말한다.

1. 전략물자 해당 여부에 대한 판정능력
2. 수입자 및 최종사용자에 대한 분석능력
3. 자율관리조직의 구축 및 운용 능력

③ 법 제22조제1항에 따라 자율준수무역거래자로 지정받으려는 자는 자율준수무역거래자 지정신청서에 다음 각 호의 서류를 첨부하여 산업통상자원부장관에게 제출하여야 한다.

1. 제2항 각 호의 능력을 갖추었음을 증명하는 서류
2. 자율적인 수출입관리 업무를 위한 규정 및 조직도
3. 그 밖에 자율준수무역거래자의 지정에 필요한 서류로서 산업통상자원부장관이 정하여 고시하는 서류

④ 삭제

⑤ 산업통상자원부장관은 제3항에 따라 자율준수무역거래자 지정신청을 받았을 때에는 신청서 접수일부터 40일 이내에 지정 여부와 그 등급(자율준수무역거래자로 지정된 경우만 해당한다)을 신청인에게 알려야 한다.

⑥ 제2항에 따른 자율준수무역거래자 지정을 위한 능력의 심사 및 등급 결정 등에 관한 세부사항은 산업통상자원부장관이 정하여 고시한다.

제44조(자율준수무역거래자의 자율준수관리 업무의 범위)

① 산업통상자원부장관은 법 제22조제2항에 따라 자율준수무역거래자에게 다음 각 호의 수출입관리 업무를 자율적으로 관리하게 할 수 있다.
1. 수출허가를 받은 물품등의 최종사용자에 관한 관리 업무
2. 수출허가를 받은 물품등의 사용용도에 관한 관리 업무
3. 그 밖에 전략물자 수출허가 제도를 효율적으로 운용하기 위하여 산업통상자원부장관이 정하여 고시하는 업무

② 산업통상자원부장관은 법 제22조의2제1항의 등급에 따라 제1항에 따른 수출입관리 업무의 자율적인 관리 내용을 달리 정할 수 있다.

제45조(자율준수무역거래자의 보고)

법 제22조제3항에 따라 자율준수무역거래자는 다음 각 호의 사항을 별로 해당 기간 내에 그 현황이나 실적을 산업통상자원부장관에게 보고하여야 한다.
1. 수출허가의 반기별(半期別) 실적: 다음 반기의 1개월 이내
2. 제43조제2항 각 호에 관한 연간 현황: 다음 해의 1개월 이내

제22조의2(자율준수무역거래자 등급 조정 및 지정 취소)

① 산업통상자원부장관은 제22조제1항에 따라 자율준수무역거래자를 지정하는 경우 같은 항에 따른 대통령령으로 정하는 능력을 갖춘 정도에 따라 자율준수무역거래자의 등급을 달리 정할 수 있다.

② 산업통상자원부장관은 다음 각 호의 어느 하나에 해당하는 경우에는 자율준수무역거래자의 등급을 조정할 수 있다. 다만, 제1호에 따른 능력을 현저히 갖추지 못하였거나 고의나 중대한 과실로 인하여 제2호부터 제4호까지에 해당하는 경우에는 자율준수무역거래자의 지정을 취소할 수 있다.
1. 제22조제1항에 따른 대통령령으로 정하는 능력을 유지하지 못하는 경우
2. 수출허가를 받지 아니하고 전략물자를 수출하거나 수출신고한 경우

3. 상황허가를 받지 아니하고 상황허가 대상인 물품등을 수출하거나 수출신고한 경우 4. 경유 또는 환적허가를 받지 아니하고 전략물자등을 경유 또는 환적한 경우 5. 중개허가를 받지 아니하고 전략물자등을 중개한 경우 6. 제22조제3항에 따른 보고 의무를 이행하지 아니한 경우 7. 제28조에 따른 서류 보관 의무를 이행하지 아니한 경우	
제23조(전략물자수출입고시 등) ① 산업통상자원부장관은 관계 행정기관의 장과 협의하여 제19조, 제19조의2부터 제19조의7까지, 제20조, 제20조의2, 제21조, 제22조, 제22조의2, 제27조 및 제28조 등에 관한 요령을 고시하여야 한다. ② 관세청장은 전략물자등의 수출입통관 절차에 관한 사항을 고시하여야 한다.	
제24조(전략물자 수출입관리 정보시스템) ① 산업통상자원부장관은 다음 각 호의 업무를 수행하기 위하여 관계 행정기관의 장 및 제25조에 따른 무역안보관리원과 공동으로 전략물자 수출입관리 정보시스템을 구축·운영할 수 있다. 1. 수출허가, 상황허가, 경유 또는 환적허가, 중개허가, 전문판정, 자가판정, 제27조에 따른 수입목적확인서의 발급 등에 관한 업무 2. 전략물자의 수출입관리에 필요한 정보의 수집·분석 및 관리 업무 ② 제1항에 따른 전략물자 수출입관리 정보시스템의 구축·운영에 필요한 사항은 대통령령으로 정한다.	
제24조의2 삭제	
제25조(무역안보관리원의 설립 등) ① 전략물자 수출입관리 업무를 효율적으로 지원하기 위하여 무역안보관리원을 설립한다. ② 무역안보관리원은 법인으로 한다. ③ 무역안보관리원은 정관으로 정하는 바에 따라 임원과 직원을 둔다. ④ 무역안보관리원은 그 주된 사무소의 소재지에서 설립등기를 함으로써 성립한다. ⑤ 무역안보관리원은 정부의 전략물자 수출입관리 정책에 따라 다음 각 호의 업무를 수행한다. 1. 무역안보 정책수립 지원 2. 무역안보 산업영향분석 및 실태조사 지원 3. 무역안보 국제협력 지원(외교안보 관련 사항은 제외한다) 4. 제20조제1항 후단에 따른 전문판정	**제46조(무역안보관리원의 업무)** 법 제25조제5항제9호에서 "대통령령으로 정하는 업무"란 다음 각 호의 업무를 말한다. 1. 무역안보 홍보 및 컨설팅 업무 2. 법 제3조제4호 및 제4호의2에 따른 무역제한 특별조치 이행을 위한 정보 제공 등 지원 업무 3. 법 제22조 및 제22조의2에 따른 자율준수무역거래자의 지정, 등급 결정·조정 및 지정 취소 등에 대한 지원 업무 4. 법 제26조에 따른 전략물자 수출입통제 협의회 지원 업무 5. 무역안보에 관하여 산업통상자원부장관이 위탁하는 업무

5. 전문판정 신청 정보 접수 및 자가판정 결과 점검 등 지원
6. 제24조제1항에 따른 전략물자 수출입관리 정보시스템의 운영
7. 제30조에 따른 전략물자등의 수출입 제한 등 및 제48조에 따른 보고·검사 등 지원
8. 전략물자등의 수출입자에 대한 교육
9. 그 밖에 대통령령으로 정하는 업무

⑥ 무역안보관리원의 장은 산업통상자원부장관의 승인을 받아 제5항 각 호의 업무에 관하여 무역안보관리원을 이용하는 자에게 일정한 수수료를 징수할 수 있다.

⑦ 무역안보관리원에 관하여 이 법에서 정한 것 외에는 「민법」 중 재단법인에 관한 규정을 준용한다.

⑧ 정부는 무역안보관리원의 설립·운영에 필요한 경비를 예산의 범위에서 출연하거나 지원할 수 있다.

제26조(전략물자 수출입통제 협의회)

① 산업통상자원부장관과 관계 행정기관의 장은 전략물자등의 수출통제와 관련된 부처간 협의를 위하여 공동으로 전략물자 수출입통제 협의회(이하 이 조에서 "협의회"라 한다)를 구성할 수 있다.

② 협의회 의장은 관계 행정기관의 소관 업무별로 그 소관 관계 행정기관의 장이 주재한다.

③ 협의회의 구성원인 행정기관의 장은 전략물자등의 수출입통제에 필요하면 대통령령으로 정하는 정보수사기관의 장에게 조사·지원을 요청할 수 있다.

④ 제3항에 따른 정보수사기관의 장 또는 관계청장이 전략물자등의 무허가수출등 행위를 인지한 경우에는 협의회의 각 행정기관의 장에게 통보하는 등 필요한 조치를 취할 수 있다.

⑤ 협의회의 구성과 운영에 필요한 사항은 대통령령으로 정한다.

제47조(전략물자 수출입통제 협의회의 구성 및 운영 등)

① 법 제26조제1항에 따라 전략물자등의 위험장은 전략물자 수출입통제 협의회(이하 "협의회"라 한다)의 위험장은 협의회의 위험장은 소관 사항별로 다음 각 호의 사항별로 행정기관의 소관 행정기관의 장이 되고, 협의회의 위험장은 소관 사항별로 잠석 행정기관의 범위를 정하여 협의회를 소집한다.

1. 과학기술정보통신부: 과학기술 및 정보통신기술 중 전략물자등 전략물자등 관련 기술의 수출입통제에 관한 사항
2. 외교부: 외교에 영향을 주는 사항 및 전략물자등의 수출입통제와 관련된 국제규범에 관한 사항
3. 통일부: 「남북교류협력에 관한 법률」에 따른 물품등에 따른 반출·반입 승인 대상 품목 중 전략물자등에 관한 사항 및 남북 교류·협력에 영향을 미치는 사항
4. 국방부: 「방위사업법」에 따른 방위산업물자·국방과학기술의 수출입통제에 관한 사항 및 국가안보에 영향을 미치는 사항
5. 산업통상자원부: 전략물자등(원자력 전용 품목은 제외한다)의 수출입통제 및 통상교섭에 영향을 주는 사항
6. 원자력안전위원회: 전략물자등 중 원자력 전용 품목의 수출입통제에 관한 사항
7. 관세청: 전략물자등 통관 및 법 제21조제1항에 따른 무허가수출등(이하 "무허가수출등"이라 한다)에 관한 사항
8. 정보수사기관(법 제26조제3항에 따른 정보수사기관을 말한다): 국내외 전략물자등 관련 정보협력, 국가안보에 영향을 미치는 전략물자등 수출입, 무허가수출등에 관한 사항

② 협의회 위원은 제1항에 따라 소집되는 행정기관의 고위공무원단에 속하는 공무원으로서 전략물자의 수출통제 관련 업무를 담당하는 자로 한다.

③ 협의회를 효율적으로 운영하기 위하여 필요하면 실무협의회를 둘 수 있다.

④ 협의회와 실무협의회의 운영에 필요한 사항은 제1항에 따른 행정기관의 장이 협의하여 정한다.

⑤ 법 제26조제3항에서 "대통령령으로 정하는 정보수집기관"이란 다음 각 호의 기관을 말한다.
1. 국가정보원
2. 검찰청
3. 경찰청
4. 해양경찰청
5. 국군방첩사령부

제47조의2(전략물자 수입목적확인서의 발급 등)

① 법 제27조에 따라 전략물자 수입목적확인서를 발급받으려는 자는 전략물자 수입목적확인서 발급신청서에 그 전략물자의 최종사용자 및 사용 목적을 증명할 수 있는 서류 등 전략물자의 수입목적을 확인하는 데에 필요한 서류로서 산업통상자원부장관이나 관계 행정기관의 장이 정하여 고시하는 서류를 첨부하여 산업통상자원부장관이나 관계 행정기관의 장에게 제출해야 한다.

② 제1항에 따른 신청을 받은 산업통상자원부장관이나 관계 행정기관의 장은 7일 이내에 전략물자 수입목적확인서를 발급해야 한다. 다만, 수입목적 확인을 신청한 물품등에 대하여 별도의 기술 심사나 관계 행정기관과의 협의가 필요한 경우 그 기술 심사나 협의를 하는 데에 필요한 기간은 본문에 따른 기간에 산입하지 않는다.

③ 제2항에 따라 발급된 전략물자 수입목적확인서의 유효기간은 1년으로 한다.

제48조(허가의무 위반자 등에 대한 교육)

① 법 제49조에 따른 교육(이하 "교육"이라 한다)시간은 8시간 이내로 한다.

② 산업통상자원부장관 또는 관계 행정기관의 장은 법 제25조에 따른 무역안보관리원, 「전자무역 촉진에 관한 법률」 제6조에 따른 한국무역정보통신 등, 그 밖에 산업통상자원부장관이 정하여 고시하는 기관에서 교육을 실시하도록 할 수 있다.

③ 제1항 및 제2항에서 규정한 사항 외에 교육에 필요한 사항은 산업통상자원부장관이 관계 행정기관의 장과 협의하여 정한다.

제27조(수입목적확인서)

전략물자를 수입하려는 자는 대통령령으로 정하는 바에 따라 산업통상자원부장관이나 관계 행정기관의 장에게 수입목적 등의 확인을 내용으로 하는 수입목적확인서의 발급을 신청할 수 있다. 이 경우 산업통상자원부장관이나 관계 행정기관의 장은 확인 신청 내용이 사실인지 확인한 후 수입목적확인서를 발급할 수 있다.

제28조(서류 보관)

무역거래자는 다음 각 호의 서류를 5년간 보관하여야 한다.
1. 전략물자등의 수출, 수출신고, 경유, 환적 또는 중개허가와 관련한 경우 그 수출허가, 상황허가, 경유 또는 환적허가 및 중개허가에 관한 서류
2. 전략판정 및 자가판정에 관한 서류
3. 그 밖에 산업통상자원부장관이 관계 행정기관의 장과 협의하여 고시하는 서류

제29조(비밀 준수)

이 법에 따른 전략물자의 수출입관리 업무와 관련된 공무원, 제25조에 따른 무역안보관리원의 임직원과 제25조제5항제4호의 판정 업무와 관련되지는 전략물자 수출입관리 업무의 수행과정에서 알게 된 영업상 비밀을 해당 무역거래자의 동의 없이 외부에 누설하여서는 아니 된다.

제30조(전략물자등의 수출입 제한 등)

① 산업통상자원부장관 또는 관계 행정기관의 장은 다음 각 호의 어느 하나에 해당하는 자에게 3년 이내의 범위에서 일정 기간 동안 전략물자등의 전부 또는 일부의 수출, 수입, 경유, 환적 또는 중개를 제한할 수 있다.

1. 수출허가를 받지 아니하고 전략물자를 수출하거나 수출신고한 자
2. 상황허가를 받지 아니하고 상황허가 대상인 물품등을 수출하거나 수출신고한 자
3. 경유 또는 환적 허가를 받지 아니하고 전략물자등을 경유 또는 환적한 자
4. 중개허가를 받지 아니하고 전략물자등을 중개한 자
5. 거짓이나 그 밖의 부정한 방법으로 수출허가, 상황허가, 경유 또는 환적허가 및 중개허가를 받은 자
6. 수출허가, 상황허가, 경유 또는 환적허가, 및 중개허가를 받았으나 제19조의6제1항에 따라 산업통상자원부장관이나 관계 행정기관의 장이 정한 조건을 이행하지 아니하는 자
7. 제21조제1항에 따른 이동중지명령을 위반하거나 같은 조 제2항에 따른 이동중지조치를 방해한 자

② 관계 행정기관의 장은 제1항 각 호의 어느 하나에 해당하는 자가 있음을 알게 되면 즉시 산업통상자원부장관에게 통보하여야 한다.

③ 산업통상자원부장관 또는 관계 행정기관의 장은 제1항에 따라 전략물자등의 수출입을 제한한 자와 외국 정부가 자국의 법령에 따라 전략물자등의 수출입을 제한한 자의 명단과 제한 내용을 공고할 수 있다.

제31조

[제30조로 이동]

제49조(전략물자기술자문단의 구성 및 운영)

① 산업통상자원부장관은 다음 각 호의 사항에 관한 자문단을 구성하여 운영할 수 있다.

1. 해당 물품등의 대량파괴무기등의 제조·개발·사용 또는 보관 등의 용도로 이용 또는 전용될 가능성에 관한 사항
2. 국제수출통제체제등의 통제대상 물품등에 대한 평가·분석에 관한 사항
3. 전략물자 해당 여부의 판정에 관한 사항

② 전략물자기술자문단의 구성·운영 등에 필요한 사항은 산업통상자원부장관이 정하여 고시한다.

제4절 플랜트수출

제32조(플랜트수출의 촉진 등)

① 산업통상자원부장관은 다음 각 호의 어느 하나에 해당하는 수출(이하 "플랜트수출"이라 한다)을 하려는 자가 신청하는 경우에는 대통령령으로 정하는 바에 따라 그 플랜트수출을 승인할 수 있다. 승인한 사항을 변경할 때에도 또한 같다.

1. 농업·임업·어업·광업·제조업·전기·가스·수도사업·운송·창고업 및 방송·통신업을 경영하기 위하여 설치하는 기계·장치 및 대통령령으로 정하는 설비 중 산업통상자원부장관이 정하는 일정 규모 이상의 산업설비의 수출
2. 산업설비·기술용역 및 시공을 포괄적으로 행하는 수출(이하 "일괄수주방식에 의한 수출"이라 한다)

② 산업통상자원부장관은 제1항에 따른 승인 또는 변경승인을 하기 위하여 필요하면 플랜트수출의 타당성에 관하여 관계 행정기관의 장의 의견을 들어야 한다. 이 경우 의견을 제시할 것을 요구받은 관계 행정기관의 장은 정당한 사유가 없으면 지체 없이 산업통상자원부장관에게 의견을 제시하여야 한다.

③ 산업통상자원부장관이 일괄수주방식에 의한 수출에 대하여 승인 또는 변경승인을 하려는 때에는 미리 국토교통부장관의 동의를 받아야 한다.

④ 산업통상자원부장관은 일괄수주방식에 의한 수출로서 건설용역 및 시공부문의 수출에 관하여는 「해외건설 촉진법」에 따른 해외건설사업자에 대하여만 승인 또는 변경승인을 할 수 있다.

⑤ 산업통상자원부장관은 제1항에 따른 플랜트수출의 승인 또는 변경승인을 한 경우에는 이를 관계 행정기관의 장에게 지체 없이 알려야 한다.

⑥ 산업통상자원부장관은 플랜트수출을 촉진하기 위하여 그에 관한 제도 개선, 시장조사, 정보교류, 인주지원, 주선사업 유지, 주선인력의 양성, 금융지원, 우수기업의 육성 및 협동화사업을 추진할 수 있다. 이 경우 산업통상자원부장관은 플랜트수출 관련 기관 또는 단체를 지정하여 이들 사업을 수행하게 할 수 있다.

제50조(수출승인의 신청 등)

법 제32조제1항에 따라 플랜트수출의 승인을 받으려는 자는 신청서에 산업통상자원부장관이 정하는 서류를 첨부하여 산업통상자원부장관에게 제출하여야 한다. 변경승인을 받으려는 경우에도 같다.

제51조(설비)

법 제32조제1항제1호에서 "대통령령으로 정하는 설비"란 다음 각 호의 설비를 말한다. 다만, 해외건설공사와 함께 일괄수주방식에 의하여 수출하는 설비는 제외한다.

1. 발전설비
2. 담수 설비 및 용수처리설비
3. 해양설비 및 수상구조설비
4. 석유 처리설비 및 석유화학설비
5. 정유설비 및 송유설비
6. 저장탱크 및 저장기지설비
7. 냉동 및 냉장설비
8. 제철·제강설비 및 철강재구조설비
9. 공해방지설비
10. 공기조화설비
11. 신에너지 및 재생에너지 설비
12. 정치식(定置式) 운반하역설비 및 정치식 건설용설비
13. 시험연구설비
14. 그 밖에 산업 활동을 위하여 필요한 설비

제52조(시공)

① 법 제32조제1항제2호에서 "시공"이란 다음 각 호의 공사를 수행하는 것을 말한다.

1. 토목공사
2. 건축공사
3. 플랜트 설치공사. 다만, 플랜트수출자가 수출용 기자재를 설계·제작하는 자가 제작한 기계 및 장치를 직접 설치하는 공사는 제외한다.

② 제1항제3호 단서에도 불구하고 「해외건설촉진법 시행령」 제17조제1항제1호라목에 따른 해외공사실적을 인정받으려는 경우에만 산업통상자원부장관은 플랜트수출자나 수출용 기자재를 설계·제작하는 자가 제작한 기계 및 장치를 직접 설치하는 공사를 플랜트 설치공사로 인정할 수 있다.

제53조(동의 요청 등)

① 산업통상자원부장관은 법 제32조제3항에 따라 일괄수리방식에 의한 수출에 대하여 승인 또는 변경승인을 하기 위하여 미리 국토교통부장관의 동의를 받으려는 경우에는 해당 플랜트수출의 개요와 다음 각 호의 사항을 명시한 서류를 송부하여야 한다.
1. 건설용역 및 시공 수행자의 성명(법인인 경우에는 그 명칭과 대표자의 성명) 및 주소
2. 건설용역 및 시공사업계획

② 제1항에 따라 동의 요청을 받은 국토교통부장관은 특별한 사유가 없으면 동의요청을 받은 날부터 10일 이내에 동의 여부를 산업통상자원부장관에게 알려야 한다.

제54조(플랜트수출 관련 기관 등 지정)

① 산업통상자원부장관은 법 제32조제6항 후단에 따라 플랜트수출에 관한 시장조사 등의 사업을 촉진하기 위한 사업을 담당할 기관 또는 단체(이하 "플랜트수출촉진기관"이라 한다)를 지정하려면 다음 각 호의 사항을 종합적으로 검토하여야 한다.
1. 플랜트수출자에 대한 대표성
2. 시장조사 등 사업계획

② 산업통상자원부장관은 제1항에 따라 지정된 플랜트수출촉진기관에 대하여 플랜트수출의 시장조사 등 사업의 촉진과 관련하여 다음 각 호의 사항을 보고하게 할 수 있다.
1. 플랜트수출 동향
2. 플랜트수출에 관한 시장조사, 정보교류, 수주, 협동화사업의 촉진실적 등 촉진활동에 관한 사항
3. 그 밖에 플랜트수출에 관하여 산업통상자원부장관이 요청하는 사항

제5절 정부간 수출계약

제32조의2(정부간 수출계약의 보증 및 원칙)

① 정부는 국내 기업이 위탁한 정부간 수출계약을 지원하기 위하여 대통령령으로 정하는 보증·보험기관으로 하여금 정부간 수출계약에 대한 외국 정부의 이행 등을 위한 보증사업을 하게 할 수 있다.

② 정부는 정부간 수출계약과 관련하여 어떠한 경우에도 경제적 이익을 갖지 아니하고, 보증재무 등 경제적 책임 및 손실을 부담하지 아니한다.

제32조의3(정부간 수출계약의 전담기관)

① 제2조제4호의 "정부간 수출계약 전담기관"이란 「대한무역투자진흥공사법」에 따른 대한무역투자진흥공사(이하 "전담기관"이라 한다)를 말한다.

② 전담기관은 정부간 수출계약과 관련하여 다음 각 호의 업무를 수행한다.
1. 정부간 수출계약에서의 당사자 지위 수행
2. 외국 정부의 구매요구 사항을 이행할 국내 기업의 추천
3. 그 밖에 정부간 수출계약 업무의 수행을 위하여 산업통상자원부장관이 필요하다고 인정하는 업무

③ 전담기관의 권한과 책임은 다음 각 호와 같다.
1. 전담기관은 정부간 수출계약으로 체결된 경우 국내 기업으로 하여금 이행 보증 조치를 취하도록 하여야 한다. 대통령령으로 정하는 계약의 이행 보증 조치는 대통령령으로 정한다.
2. 전담기관은 외국 정부의 계약의 이행 이행 상황을 확인하기 위하여 필요한 경우에는 국내 기업에 대하여 관련 자료의 제출을 요구할 수 있다.
3. 그 밖에 전담기관의 권한과 책임에 관하여는 대통령령으로 정한다.

④ 전담기관이 갖는 정부간 수출계약 관련 업무를 수행하기 위하여 필요한 경우에는 관계 행정기관 및 관련 단체에 공무원 또는 임직원의 파견 근무를 요청할 수 있다. 다만, 공무원의 파견을 요청할 때에는 미리 주무장관과 협의하여야 한다.

제54조의2(정부간 수출계약 보증사업의 수행 기관)

법 제32조의2제1항에서 "대통령령으로 정하는 보증·보험기관"이란 국내에서 수출·수입 등 대외거래에 대한 보증 또는 보험 업무를 10년 이상 영위하고 있는 자 중 산업통상자원부장관이 다음 각 호의 사항을 평가하여 지정하는 기관을 말한다.

1. 법 제32조의2제1항에 따른 보증사업의 수행에 필요한 재정능력
2. 수출·수입 등 대외거래의 당사자에 대한 신용정보의 수집·분석 및 평가에 관한 능력
3. 수출·수입 등 대외거래에서 발생한 채권에 대한 관리체계

제54조의3(정부간 수출계약의 이행 보증 조치)

법 제32조의3제3항제1호에서 "보증·보험의 제공 등 대통령령으로 정하는 계약 이행 보증 조치"란 다음 각 호의 것을 말한다. 다만, 외국 정부와 국내 기업이 합의한 다음 각 호의 구성된 계약 이행 보증 조치의 일부를 생략할 수 있다.

1. 정부간 수출계약의 내용에 따른 선수금의 반환, 계약 내용의 이행, 하자의 보수 등에 대하여「금융실명거래 및 비밀보장에 관한 법률」제2조제1호에 따른 금융회사 등으로부터 보증을 받아 제공하는 것
2. 외국 정부에 대한 정부간 수출계약 이행 등에 관하여 법 제32조의2제1항에 따른 보증·보험기관으로부터 보증을 받아 제공하는 것

제32조의4(정부간 수출계약 심의위원회)

① 정부간 수출계약의 체결, 변경, 해지 등 대통령령으로 정하는 사항을 심의·의결하기 위하여 전담기관에 정부간 수출계약 심의위원회(이하 이 절에서 "위원회"라 한다)를 둔다.
② 위원회는 위원장 1명을 포함한 7명 이상 15명 이내의 위원으로 구성하고, 위원장은 대한무역투자진흥공사의 사장으로 한다.
③ 위원회의 구성 및 운영에 필요한 사항은 대통령령으로 정한다.
④ 위원회는 제3항에 따른 심의에 필요한 경우 국내 기업 및 관계 기관 등에 자료 등의 제출을 요구할 수 있다.
⑤ 위원회는 다음 각 호의 사항에 해당하는 경우에는 회의록, 계약서 등 관련 서류를 공개하지 아니할 수 있다.
1. 공개될 경우 정부간 수출계약의 체결, 이행, 변경, 해지 등을 크게 곤란하게 할 우려가 있거나 위원회 심의의 공정성을 크게 저해할 우려가 있다고 인정되는 사항
2. 그 밖에 제1호에 준하는 사유로서 공개하기에 적당하지 아니하다고 위원회가 결정한 사항

제54조의4(전담기관의 권한과 책임)

① 전담기관은 정부간 수출계약의 체결 및 이행을 위하여 필요한 경우에는 관계 행정기관의 장에게 협조를 요청할 수 있다.
② 전담기관은 정부간 수출계약을 체결한 경우 다음 각 호의 구분에 따라 법 제32조의4제1항에 따른 정부간 수출계약 심의위원회(이하 "위원회"라 한다)에 보고하여야 한다.
1. 국내 기업이 정부간 수출계약 이행 상황을 확인하여 반기별로 1회 이상 보고할 것
2. 제54조의5제2호 단서에 따라 위원회의 심의 대상에서 제외되는 사항은 그 변경 등이 있은 날부터 2주 이내에 보고할 것

제54조의5(정부간 수출계약 심의위원회의 심의·의결 사항)

법 제32조의4제1항에서 "정부간 수출계약의 체결, 변경, 해지 등 대통령령으로 정하는 사항"이란 다음 각 호의 사항을 말한다.
1. 외국 정부와 체결하려는 정부간 수출계약의 수용 여부, 국내 기업의 이행능력 평가, 법 제32조의3제3항에 따라 국내 기업으로 하여금 조치하도록 할 계약 보증 내용의 적정성 등에 관한 사항
2. 계약기간·계약금액 등 정부간 수출계약의 변경에 관한 사항. 다만, 다음 각 목의 사항으로서 위원회에서 정하는 경미한 사항은 제외한다.
   가. 물품등의 인도 횟수, 인도 장소의 변경
   나. 부품·규격의 변경
   다. 대금의 지급방법 및 지급횟수의 변경
   라. 그 밖에 가목부터 다목까지의 사항에 준하는 사항
3. 법 제32조의4제2항에 따라 국내 기업이 조치를 한 계약 이행 보증 세부 사항의 적정성에 관한 사항
4. 국내 기업이 정부간 수출계약에 따른 물품등의 공급 의무 불이행, 인가·허가·면허 등의 취소·정지 등으로 인한 계약 이행능력의 상실, 부정한 방법에 의한 계약의 체결, 그 밖의 원인으로 인한 정부간 수출계약의 해지 또는 해제에 관한 사항
5. 그 밖에 위원회의 위원장이 정부간 수출계약과 관련하여 위원회의 심의·의결에 부치는 사항

제54조의6(정부간 수출계약 심의위원회의 구성 및 운영)

① 위원장을 제외한 위원회의 위원은 다음 각 호의 사람이 된다.
1. 산업통상자원부 및 조달청의 고위공무원단에 속하는 공무원 중 소속 기관의 장이 지명하는 사람 각 1명
2. 전담기관의 임원 중 전담기관의 장이 지명하는 사람 2명
3. 정부간 수출계약의 해당 물품등과 관련이 있다고 위원회의 위원장이 인정하는 중앙행정기관의 고위공무원단에 속하는 공무원 중에서 소속 기관의 장이 지명하는 사람
4. 제54조의2에 따른 보증ㆍ보험기관의 임원 중 해당 기관의 장이 주천으로 위원회의 위원장이 지명하는 사람
5. 정부간 수출계약과 관련된 분야에 학식과 경험이 풍부한 사람 중 7명 이내에 범위에서 위원장이 위촉하는 사람

② 제1항제5호에 따른 위촉위원의 임기는 2년으로 하되, 연임할 수 있다.
③ 위원장은 위원회의 회의를 소집하고, 그 의장이 된다.
④ 위원장이 부득이한 사유로 그 직무를 수행할 수 없을 때에는 위원장이 미리 지명한 위원이 그 직무를 대행한다.
⑤ 위원회의 회의는 재적위원 과반수의 출석으로 개의(開議)하고, 출석위원 3분의 2 이상의 찬성으로 의결한다.
⑥ 위원회는 국내 기업의 이행능력 평가를 효율적으로 수행하기 위하여 소위원회를 구성ㆍ운영할 수 있다.
⑦ 제1항부터 제6항까지에서 규정한 사항 외에 위원회의 구성 및 운영에 필요한 사항은 위원회의 의결을 거쳐 위원장이 정한다.

제54조의7(국내 기업의 계약 이행 보증 조치)

법 제32조의5제2항에서 "보증ㆍ보험의 제공 등 대통령령으로 정하는 계약 이행 보증 조치"란 제54조의3에 따른 조치를 말한다.

제32조의5(국내 기업의 책임 등)

① 국내 기업은 정부간 수출계약이 체결된 경우 그 계약 내용을 성실히 이행하여야 한다.
② 국내 기업은 보증ㆍ보험의 제공 등 대통령령으로 정하는 계약 이행 보증 조치를 취하여야 한다.
③ 국내 기업은 제32조의3제3항제2호 또는 제32조의4제4항에 따른 자료제출 요구가 있을 경우 특별한 사정이 없으면 이에 따라야 한다.
④ 국내 기업이 제2항 또는 제3항을 위반할 경우 전담기관은 그 사실을 외국 정부에 통보할 수 있고, 위원회는 해당 기업의 정부간 수출계약에 대한 심의를 거부할 수 있다.

제3장의2 원산지의 표시 등

제33조(수출입 물품등의 원산지의 표시)

① 산업통상자원부장관이 공정한 거래 질서의 확립과 소비자 보호를 위하여 원산지를 표시하여야 하는 대상으로 공고한 물품등(이하 "원산지표시대상물품"이라 한다)을 수출하거나 수입하려는 자는 그 물품등에 대하여 원산지를 표시하여야 한다.

② 수입 원산지표시대상물품에 대하여 대통령령으로 정하는 단순한 가공활동을 거침으로써 해당 물품등의 원산지 표시를 손상하거나 변형한 자(무역거래자 또는 물품등의 판매업자에 해당하는 자로 한정한다)는 그 단순 가공한 물품등에 당초의 원산지를 표시하여야 한다. 이 경우 다른 법령에서 단순한 가공활동을 거친 수입 물품등에 대하여 다른 기준을 규정하고 있으면 그 기준에 따른다.

③ 제1항 및 제2항에 따른 원산지의 표시방법·확인, 그 밖에 필요한 사항은 대통령령으로 정한다.

④ 무역거래자 또는 물품등의 판매업자는 수출 또는 수입 물품등 및 제35조에 따른 원산지표시대상물품에 대하여 다음 각 호의 어느 하나에 해당하는 행위를 하여서는 아니 된다. 다만, 제2호 및 제3호의 경우 제35조에 따라 원산지 표시를 하여야 하는 수출 물품등에 한정한다.
1. 원산지를 거짓으로 표시하거나 원산지를 오인(誤認)하게 하는 표시를 하는 행위
2. 원산지의 표시를 손상하거나 변경하는 행위
3. 원산지표시대상물품에 대하여 원산지 표시를 하지 아니하는 행위
4. 제1호부터 제3호까지의 규정에 위반되는 원산지표시대상물품을 국내에서 거래하는 행위

⑤ 산업통상자원부장관은 제1항부터 제4항까지(제35조제3항에서 준용하는 경우를 포함한다)까지의 규정을 위반하였는지 확인하기 위하여 필요하다고 인정하면 수입한 물품등(제35조제3항에서 준용하는 경우 "국내생산물품등"으로 본다)과 대통령령으로 정하는 관련 자료에 대하여 세관장에게 조사를 의뢰하거나 관계 공무원으로 하여금 조사하게 할 수 있다.

⑥ 삭제
⑦ 삭제
⑧ 삭제

제55조(원산지표시대상물품 지정 등)

① 산업통상자원부장관은 법 제33조제1항에 따라 원산지를 표시하여야 할 물품(이하 "원산지표시대상물품"이라 한다)을 공고하려면 해당 물품을 관장하는 관계 행정기관의 장과 미리 협의하여야 한다.

② 법 제33조제2항에서 "대통령령으로 정하는 단순한 가공활동"이란 판매목적의 물품포장 활동, 상품성 유지를 위한 단순한 작업 활동 등 물품의 본질적 특성을 부여하기에 부족한 가공활동을 말하며, 그 가공활동의 구체적인 범위는 관계 중앙행정기관의 장과 협의하여 산업통상자원부장관이 정하여 고시한다.

제56조(수출입 물품의 원산지 표시방법)

① 원산지표시대상물품을 수입하려는 자는 다음 각 호의 방법에 따라 해당 물품에 원산지를 표시하여야 한다.
1. 한글·한문 또는 영문으로 표시할 것
2. 최종 구매자가 쉽게 판독할 수 있는 활자체로 표시할 것
3. 식별하기 쉬운 위치에 표시할 것
4. 표시된 원산지가 쉽게 지워지거나 떨어지지 아니하는 방법으로 표시할 것

② 제1항에도 불구하고 해당 물품에 원산지를 표시하는 것이 곤란하거나 원산지를 표시할 필요가 없다고 인정하여 산업통상자원부장관이 정하는 기준에 해당하는 경우에는 산업통상자원부장관이 정하여 고시하는 바에 따라 원산지를 표시하거나 원산지 표시를 생략할 수 있다.

③ 제1항에 규정된 것 외에 수입 물품의 원산지 표시방법에 관하여 필요한 사항은 산업통상자원부장관이 정하는 중앙행정기관의 장의 소비자를 보호하기 위하여 필요한 경우에는 산업통상자원부장관과 협의하여 해당 물품의 원산지 표시에 관한 세부적인 사항을 따로 정하여 고시할 수 있다.

④ 삭제

⑤ 수출 물품에 대하여 원산지를 표시하는 경우에는 제1항 각 호에서 정한 방법에 따라 원산지를 표시하되, 그 물품에 대한 수입국의 원산지 표시규정이 이와 다르게 표시하도록 되어 있으면 그 규정에 따라 원산지를 표시할 수 있다. 다만, 수입한 물품에 대하여 국내에서 단순한 가공활동을 거쳐 수출하는 경우에는 우리나라를 원산지로 표시하여서는 아니 된다.

제33조의2(원산지의 표시 위반에 대한 시정명령 등)

① 산업통상자원부장관 또는 시·도지사는 제33조제2항부터 제4항까지의 규정을 위반한 자에게 판매중지, 원상복구, 원산지 표시 등 대통령령으로 정하는 시정조치를 명할 수 있다.
② 산업통상자원부장관 또는 시·도지사는 제33조제2항부터 제4항까지의 규정(제33조제4항제6호는 제외한다)을 위반한 자에게 3억원 이하의 과징금을 부과할 수 있다.
③ 제2항에 따라 과징금을 부과하는 위반행위의 종류와 정도별 과징금의 금액과 그 밖에 필요한 사항은 대통령령으로 정한다.
④ 산업통상자원부장관 또는 시·도지사는 제2항에 따라 과징금을 내야 하는 자가 납부기한까지 내지 아니하면 국세 강제징수의 예 또는 「지방행정제재·부과금의 징수 등에 관한 법률」에 따라 징수한다.

제57조(원산지 표시방법의 확인)

① 제56조에 따른 원산지 표시방법에 따라 원산지를 표시하여야 하는 자는 해당 물품이 수입되기 전에 문서로 그 물품이 적정한 원산지 표시방법에 관한 확인을 산업통상자원부장관에게 요청할 수 있다.
② 제1항에 따른 산업통상자원부장관의 원산지 표시방법의 확인에 관하여 이의가 있는 자는 확인 결과를 통보받은 날부터 30일 이내에 서면으로 산업통상자원부장관에게 이의를 제기할 수 있다.
③ 원산지 표시방법에 대한 확인 요청과 확인 결과에 대한 이의제기에 필요한 사항은 산업통상자원부장관이 정하여 고시한다.
④ 산업통상자원부장관은 법 제33조제3항에 따라 원산지표시대상물품을 수입하는 자에 대하여 해당 물품이 통관될 때 제56조제1항부터 제3항까지의 규정에 따른 원산지의 표시방법 및 표시 여부 등을 확인할 수 있다. 이 경우 확인방법과 산업통상자원부장관이 정하여는 확인절차 등에 관하여는 산업통상자원부장관이 정하여 고시한다.

제57조의2(자료조사)

법 제33조제5항에서 "대통령령으로 정하는 관련 자료"란 다음 각 호에 해당하는 자료를 말한다.
1. 수입한 물품등의 무역거래자 및 판매업자의 정보에 관한 자료
2. 수입한 물품등의 가격, 수량, 품질 및 제조 공정에 관한 자료
3. 그 밖에 원산지의 표시에 대한 위반 여부를 확인하기 위하여 산업통상자원부장관이 필요하다고 인정하는 자료

제58조(원산지표시 위반품에 대한 시정조치)

① 법 제33조의2제1항에 따른 시정조치의 내용은 다음 각 호와 같다.
1. 원산지표시의 원상복구, 정정, 말소 또는 원산지표시명령
2. 위반물품의 거래 또는 판매 행위의 중지
② 법 제33조의2제1항에 따른 시정조치 명령은 다음 각 호의 사항을 명시한 서면으로 해야 한다.
1. 위반행위의 내용
2. 시정조치 명령의 사유 및 내용
3. 시정기한

제59조(과징금의 부과 및 납부)

① 산업통상자원부장관 또는 시·도지사는 법 제33조의2제2항에 따라 과징금을 부과하려면 그 위반행위의 종류와 과징금의 금액을 명시하여 과징금을 낼 것을 서면으로 알려야 한다.

② 제1항에 따라 통보를 받은 자는 납부 통지일부터 20일 이내에 과징금을 산업통상자원부장관 또는 시·도지사가 정하는 수납기관에 내야 한다.

③ 제2항에 따라 과징금을 받은 수납기관은 낸 자에게 영수증을 발급하여야 한다.

④ 과징금의 수납기관은 제2항에 따른 과징금을 받으면 지체 없이 그 사실을 산업통상자원부장관 또는 시·도지사에게 알려야 한다.

⑤ 삭제

제59조의2(과징금의 납부기한 연기 및 분할 납부)

① 산업통상자원부장관 또는 시·도지사는 법 제33조의2제2항에 따라 과징금을 부과받은 자가 내야 할 과징금의 금액이 1천만원 이상이거나 과징금을 부과받은 자가 중소기업인 경우에는 「행정기본법」 제29조 단서에 따라 과징금의 납부기한을 연기하거나 분할 납부하게 할 수 있다.

② 삭제

③ 제1항에 따른 납부기한의 연장은 그 납부기한의 다음 날부터 1년을 초과할 수 없다.

④ 제1항에 따라 분할납부를 하게 하는 경우 각 분할된 납부기한 간의 간격은 4개월을 초과할 수 없으며, 분할 횟수는 3회를 초과할 수 없다.

⑤ 삭제

제60조(과징금을 부과할 위반행위의 종류와 과징금의 금액)

① 법 제33조의2제2항에 따라 과징금을 부과하는 위반행위의 종류와 위반 정도에 따른 과징금의 금액은 별표 2와 같다.

② 산업통상자원부장관 또는 시·도지사는 해당 무역거래자 등의 수출입규모, 중소기업 여부, 위반 정도 및 위반 횟수 등을 고려하여 제1항에 따른 과징금 금액의 2분의 1의 범위에서 가중하거나 경감할 수 있다. 다만, 가중하는 경우에도 과징금의 총액은 3억원을 넘을 수 없다.

제60조의2(원산지 표시의무 위반자의 공표)

① 법 제33조의2제5항에 따른 공표의 대상자는 같은 조 제2항에 따른 과징금 부과처분이 확정된 자로서 다음 각 호의 어느 하나에 해당하는 자로 한다.

⑤ 산업통상자원부장관 또는 시·도지사는 제3항에 따라 과징금 부과처분이 확정된 자에 대해서는 대통령령으로 정하는 바에 따라 그 위반자 및 위반자의 소재지와 물품등의 명칭, 품목, 위반내용 등 처분과 관련된 사항을 공표할 수 있다.

1. 별표 2 각 호의 구분에 따른 해당 위반물품등의 수출입 신고 금액(판매업자의 경우에는 판매한 물품등과 판매하지 아니한 물품등을 구분하여 판매한 물품등의 매출가에과 판매하지 아니한 물품등의 매입가에을 합한 금액을 말한다, 이하 이 항에서 "원산지 표시 위반물품등의 가에"이라 한다)이 10억원("판세법」별표에 따른 품목 중 제1류부터 제24류까지의 품목 및 소금의 경우에는 5억원을 말한다) 이상인 자
2. 「관세법」별표에 따른 품목 중 제1류부터 제24류까지의 품목 및 소금에 대한 별표 2 제3호 또는 제4호에 해당하는 원산지 표시 위반행위로 인한 가에을 합산한 금액이 5천만원 이상인 자
    가. 원산지를 국내산으로 거짓 표시하거나 원산지를 국내산으로 오인하게 하는 행위
    나. 원산지 표시를 국내산으로 변경하는 행위
3. 다음 각 목의 요건을 모두 갖춘 자
    가. 법 제33조의2제2항에 따라 과징금 부과처분을 받은 날부터 과거 2년 이내의 기간(중임을 산입한다) 동안 법 제33조의2제2항에 따라 과징금 부과처분을 받은 횟수가 3회 이상일 것
    나. 가목에 따른 과징금 부과처분 중 확정된 처분이 3회 이상일 것
    다. 나목에 따른 확정된 과징금 부과처분의 사유가 된 원산지 표시 위반물품등의 가에을 합산한 금액이 5천만원 이상일 것
4. 「관세법」별표에 따른 품목 중 제1류부터 제24류까지의 품목 및 소금에 대한 원산지 표시의무를 위반한 경우로서 다음 각 목의 요건을 모두 갖춘 자
    가. 법 제33조의2제2항에 따라 과징금 부과처분을 받은 날부터 과거 2년 이내의 기간(중임을 산입한다) 동안 법 제33조의2제2항에 따라 과징금 부과처분을 받은 횟수가 3회 이상일 것
    나. 가목에 따른 과징금 부과처분 중 확정된 처분이 3회 이상일 것

② 산업통상자원부장관 또는 시·도지사는 제1항에 따른 공표 대상자에 대해서는 법 제33조의2제5항에 따라 다음 각 호의 사항을 신용정보원부 또는 시·도의 홈페이지에 공표하여야 한다.
1. "대외무역법에 따른 원산지 표시의무 위반사실의 공표"라는 표제
2. 위반자의 성명 또는 명칭(법인의 경우에는 대표자의 성명을 포함한다) 및 주소(법인의 경우 주된 영업소의 주소와 원산지 표시의무 위반행위를 한 사업장 주소를 말한다)
3. 원산지 표시 위반물품등의 종류, 명칭 및 위반내용
4. 원산지 표시 위반행위에 대한 처분권자, 처분일, 처분 내용

제60조의3(자료의 요청)
산업통상자원부장관은 법 제33조 및 제33조의2에 따른 업무가 통일적이고 원활하게 집행 되도록 하기 위하여 해당 업무에 대한 자료의 제출을 지방자치단체의 장에게 요청할 수 있다.

제34조(원산지 판정 등)

① 산업통상자원부장관은 필요하다고 인정하다면 수출 또는 수입 물품등의 원산지 판정을 할 수 있다.

② 원산지 판정의 기준은 대통령령으로 정하는 바에 따라 산업통상자원부장관이 정하여 공고한다.

③ 무역거래자 또는 물품등의 판매업자는 수출 또는 수입 물품등의 원산지 판정을 산업통상자원부장관에게 요청할 수 있다.

④ 산업통상자원부장관은 제3항에 따라 요청을 받은 경우에는 해당 물품등의 원산지 판정을 하여서 제3항에 따라 요청한 사람에게 알려야 한다.

⑤ 제4항에 따라 통보를 받은 자가 원산지 판정에 불복하는 경우에는 통보를 받은 날부터 30일 이내에 산업통상자원부장관에게 이의를 제기할 수 있다.

⑥ 산업통상자원부장관은 제5항에 따라 이의를 제기받은 경우에는 이의 제기를 받은 날부터 150일 이내에 이의 제기에 대한 결정을 알려야 한다.

⑦ 원산지 판정의 요청, 이의 제기 등 원산지 판정의 절차에 필요한 사항은 대통령령으로 정한다.

제61조(수출입 물품의 원산지 판정 기준)

① 법 제34조에 따른 수입 물품에 대한 원산지 판정은 다음 각 호의 어느 하나의 기준에 따라야 한다.

1. 수입 물품의 전부가 하나의 국가에서 채취되거나 생산된 물품(이하 "완전생산물품"이라 한다)인 경우에는 그 국가를 그 물품의 원산지로 할 것

2. 수입 물품의 생산·제조·가공과정에 둘 이상의 국가가 관련된 경우에는 최종적으로 실질적 변형을 가하여 그 물품에 본질적 특성을 부여하는 활동(이하 "실질적 변형"이라 한다)을 한 국가를 그 물품의 원산지로 할 것

3. 수입 물품의 생산·제조·가공과정에 둘 이상의 국가가 관련된 경우 단순한 가공활동을 하는 국가를 원산지로 하지 아니할 것

② 제1항에 따른 완전생산물품, 실질적 변형, 단순한 가공활동의 기준 등 원산지 판정 기준에 관한 구체적인 사항은 관계 중앙행정기관의 장과 협의하여 산업통상자원부장관이 정하여 고시한다.

③ 법 제34조에 따른 수입 물품에 대한 원산지 판정은 제1항 및 제2항에 따른 기준을 준용하여 판정하되, 그 물품에 대한 원산지 판정기준이 수입국의 원산지 판정기준과 다른 경우에는 수입국의 원산지 판정기준에 따라 원산지를 판정할 수 있다.

제62조(원산지 판정 절차)

① 법 제34조제3항에 따라 수출 또는 수입 물품의 원산지 판정을 받으려는 자는 대상 물품의 관세·통계통합품목분류표(「관세법」 시행령 제98조에 따른 관세·통계통합품목분류표를 말한다. 이하 같다)상의 품목번호·품목명(모델명을 포함한다), 요청 사유, 요청자가 주장하는 원산지 등을 명시한 요청서에 견본 1개와 그 밖에 원산지 판정에 필요한 자료를 첨부하여 산업통상자원부장관에게 제출하여야 한다. 다만, 물품의 성질상 견본을 제출하기 곤란하거나 견본이 없어도 그 물품의 원산지 판정에 지장이 없다고 인정되는 경우에는 견본의 제출을 생략할 수 있다.

② 산업통상자원부장관은 제1항에 따라 제출된 요청서 및 첨부서류 등이 미비하여 수출 또는 수입 물품의 원산지를 판정하기 곤란한 경우에는 기간을 정하여 보정(補正)을 요구할 수 있으며, 그 기간 내에 보정하지 아니하면 요청서 등을 되돌려 보낼 수 있다.

③ 산업통상자원부장관은 제1항에 따라 원산지 판정 요청을 받은 경우에는 60일 이내에 원산지 판정을 하여 그 결과를 요청한 사람에게 문서로 알려야 한다. 다만, 그 판정과 판단된 자료수집 등을 위하여 필요한 기간은 이에 산입하지 아니한다.

④ 원산지 판정이 요청인의 주장과 다른 경우에는 판정의 근거 등을 적어야 한다.

⑤ 원산지 판정의 요청 방법과 그 밖에 판정에 필요한 사항은 산업통상자원부장관이 정하여 고시한다.

제63조(이의제기)

① 법 제34조제5항에 따라 원산지 판정에 이의를 제기하려는 자는 대상 물품의 관세·통계통합품목분류표상의 품목번호·품명(모델명을 포함한다), 이의제기 사유, 신청자가 주장하는 원산지 등을 명시한 이의신청서에 원산지 판정에 필요한 자료를 첨부하여 산업통상자원부장관에게 제출하여야 한다.

② 산업통상자원부장관은 제1항에 따라 제출된 신청서 등이 미비하여 이의제기에 대한 결정을 하기 곤란한 경우에는 기간을 정하여 자료의 보정을 요구할 수 있으며, 그 기간 내에 보정하지 아니하면 신청서 등을 되돌려 보낼 수 있다.

③ 산업통상자원부장관은 제1항에 따른 이의제기에 대한 결정을 하기 위하여 관계 전문가에게 자문하거나 이해관계자에게 의견 등을 들을 수 있다.

④ 원산지 판정에 대한 이의제기 절차 등에 관하여 필요한 세부적인 사항은 산업통상자원부장관이 정한다.

제64조 삭제

제35조(수입원료를 사용한 국내생산 물품등의 원산지 판정 기준 등)

① 산업통상자원부장관은 공정한 거래질서의 확립과 생산자 및 소비자 보호를 위하여 필요하다고 인정하면 수입원료를 사용하여 국내에서 생산되어 국내에서 유통되거나 판매되는 물품등(이하 "국내생산물품등"이라 한다)에 대한 원산지 판정에 관한 기준을 따로 정할 수 있다. 이 경우 중앙행정기관의 장과 협의하여 정할 수 있다. 다만, 다른 법령에서 국내생산물품등에 대하여 다른 기준을 규정하고 있는 경우에는 그러하지 아니하다.

② 산업통상자원부장관은 제1항에 따라 국내생산물품등에 대한 원산지 판정에 관한 기준을 정하면 이를 공고하여야 한다.

③ 국내생산물품등의 판매자에 대해서는 제33조제4항제1호 및 제4호를 준용한다. 이 경우 "제1호부터 제3호"는 "원산지표시대상물품"은 "국내생산물품등"으로 본다.

제36조(수입 물품등의 원산지증명서의 제출)

① 산업통상자원부장관은 원산지를 확인하기 위하여 필요하다고 인정하면 물품등을 수입하려는 자에게 그 물품등의 원산지 국가 또는 물품등을 선적(船積)한 국가의 정부 등이 발행하는 원산지증명서를 제출하도록 할 수 있다.

② 제1항에 따른 원산지증명서의 제출과 그 확인에 필요한 사항은 대통령령으로 정한다.

제65조(수입 물품등의 원산지증명서의 제출)

① 산업통상자원부장관은 법 제36조에 따라 산업통상자원부장관이 정하여 고시하는 지역으로부터 산업통상자원부장관이 정하여 고시하는 물품을 수입하려는 자에게 다음 각 호의 기관에서 발행하는 원산지증명서를 그 물품을 수입할 때에 제출하도록 할 수 있다.

1. 그 물품의 원산지 국가
2. 그 물품을 선적(船積)한 국가의 정부
3. 제1호 또는 제2호의 정부가 인정하는 기관
4. 그 밖에 제1항에 따른 원산지증명서의 발급에 필요한 사항은 산업통상자원부장관이 정하여 고시한다.

② 그 밖에 제1항에 따른 원산지증명서의 발급에 필요한 사항은 산업통상자원부장관이 정하여 고시한다.

제37조(원산지증명서의 발급 등)

① 수출 물품 또는 국내생산물품등의 원산지증명서를 발급받으려는 자는 산업통상자원부장관에게 원산지증명서의 발급을 신청하여야 한다. 이 경우 수수료를 내야 한다.

② 제1항에 따른 원산지증명서의 발급기준·발급절차, 유효기간, 수수료와 그 밖에 발급에 필요한 사항은 대통령령으로 정한다.

제38조(외국산 물품등을 국산 물품등으로 가장하는 행위의 금지)

누구든지 원산지증명서를 위조 또는 변조하거나 거짓된 내용으로 원산지증명서를 발급받거나 물품등에 원산지를 거짓으로 표시하는 등의 방법으로 외국에서 생산된 물품등(외국에서 생산되어 국내에서 대통령령으로 정하는 단순한 가공활동을 거친 물품등을 포함한다. 이하 제53조의2제4호에서도 같다)의 원산지가 우리나라인 것처럼 가장(假裝)하여 그 물품등을 수출하거나 외국에서 판매하여서는 아니 된다.

제66조(원산지증명서의 발급기준 등)

① 법 제37조제1항에 따른 수출 물품 또는 수입원료를 사용하여 국내에서 생산되어 판매되는 물품등(이하 "국내생산물품등"이라 한다)의 원산지증명서의 발급기준은 유통되거나 판매되는 물품등(이하 "국내생산물품등"이라 한다)의 원산지증명서의 발급기준은 다음 각 호와 같다.

1. 헌법에 따라 체결·공포된 조약이나 일반적으로 승인된 국제법규에서 정한 기준
2. 상대 수입국에서 정한 기준
3. 법 제35조에 따라 산업통상자원부장관이 정하여 공고하는 기준

② 수출 물품 또는 국내생산물품등의 원산지증명서를 발급받으려는 자는 수출 물품 또는 국내생산물품등의 원산지증명서 발급신청서에 다음 각 호의 서류를 첨부하여 산업통상자원부장관에게 제출하여야 한다.

1. 구매자·공급자 등에 관한 서류
2. 가격·수량 등에 관한 서류
3. 그 밖에 수출 물품 또는 국내생산물품등의 원산지를 증명하는 데에 필요한 서류로서 산업통상자원부장관이 정하여 공고하는 서류

③ 산업통상자원부장관은 제2항에 따른 신청을 받은 경우 제1항에 따른 원산지증명서 발급기준에 적합한지를 조사·확인하여 발급 여부를 결정한 후 수출 물품 또는 국내생산물품등의 원산지증명서를 발급하여야 한다.

④ 제3항에 따른 원산지증명서의 유효기간은 1년으로 한다. 다만, 헌법에 따라 체결·공포된 조약이나 협정에서 그 유효기간을 다르게 정하고 있는 경우에는 그 유효기간으로 한다.

⑤ 제1항부터 제4항까지에서 규정한 것 외에 수출 물품 또는 국내생산물품등의 원산지증명서의 발급 등에 필요한 세부사항은 산업통상자원부장관이 정하여 고시한다.

제67조(단순한 가공활동)

법 제38조에서 "대통령령으로 정하는 단순한 가공활동"이란 제61조제2항에 따라 고시된 단순한 가공활동의 기준에 따른 활동을 말한다.

제4장 수입수량 제한조치

제39조(수입수량 제한조치)

① 산업통상자원부장관은 특정 물품의 수입 증가로 인하여 같은 종류의 물품 또는 직접적인 경쟁 관계에 있는 물품을 생산하는 국내산업(이하 이 조에서 "국내산업"이라 한다)이 심각한 피해를 입고 있거나 심각한 피해를 입을 우려(이하 이 조에서 "심각한 피해등"이라 한다)이 있음이 「불공정무역행위 조사 및 산업피해구제에 관한 법률」 제27조에 따른 무역위원회(이하 "무역위원회"라 한다)의 조사를 통하여 확인되고 심각한 피해등을 구제하기 위한 조치가 건의된 경우로서 그 물품의 국내산업을 보호할 필요가 있다고 인정되면 그 물품의 국내외 가격차에 상당한 율의 범위에서 물품의 수입수량을 제한하는 조치(이하 "수입수량제한조치"라 한다)를 시행할 수 있다.

② 산업통상자원부장관은 수입수량제한조치를 시행하려면 그 시행 전에 미리 관계 행정기관의 장 및 이해당사자에게 수입수량제한조치 계획과 그 이유를 통보하고 의견을 수렴하기 위한 협의를 하여야 한다.

③ 정부는 수입수량제한조치를 시행하는 경우 당사자국과 이해 관계가 있는 국가에 적절한 보상이 이루어질 수 있도록 협의하여야 한다.

④ 수입수량제한조치는 조치 시행일 이후 수입되는 물품에만 적용한다.

⑤ 수입수량제한조치의 적용 기간은 4년을 넘어서는 아니 된다.

⑥ 산업통상자원부장관은 수입수량제한조치의 대상 물품, 수량, 적용기간 등을 공고하여야 한다.

⑦ 산업통상자원부장관은 수입수량제한조치를 시행하거나 수입수량제한조치의 적용기간을 연장하기 위하여 필요하다고 인정하면 관계 행정기관의 장 및 이해관계인 등에게 관련 자료의 제출 등 필요한 협조를 요청할 수 있다.

⑧ 산업통상자원부장관은 수입수량제한조치의 대상이었거나 「관세법」 제65조에 따른 긴급관세(이하 "긴급관세"라 한다) 또는 같은 법 제66조에 따른 잠정긴급관세(이하 "잠정긴급관세"라 한다)의 대상이었던 물품에 대하여는 그 수입수량제한조치의 적용, 긴급관세의 부과기간 또는 잠정긴급관세의 부과기간이 끝난 날부터 그 적용 기간 또는 부과기간에 해당하는 기간(적용기간 또는 부과기간이 2년 미만인 경우에는 2년)이 지나기 전까지는 다시 수입수량제한조치를 시행할 수 없다. 다만, 다음 각 호의 요건을 모두 충족하는 경우에는 180일 이내의 수입수량제한조치를 시행할 수 있다.

1. 해당 물품에 대한 수입수량제한조치가 시행되거나 긴급관세 또는 잠정긴급관세가 부과된 후 1년이 지날 것
2. 수입수량제한조치를 다시 시행하는 날부터 소급하여 5년 안에 그 물품에 대한 수입수량제한조치의 시행 또는 긴급관세의 부과가 2회 이내일 것

제68조(수입수량 제한조치)

① 법 제39조제1항에 따라 산업통상자원부장관이 수입수량을 제한하는 경우 그 제한수량은 최근의 3년 간의 수입량을 연평균수입량으로 환산한 수량(이하 "기준수량"이라 한다) 이상으로 하여야 한다. 이 경우 최근의 대표적인 연도를 정할 때에는 통상적인 수입량과 비교하여 수입량이 급증하거나 급감한 연도는 제외한다.

② 산업통상자원부장관은 기준수량 이상으로 수입수량 제한조치를 하는 경우 해당 산업의 심각한 피해를 방지하거나 구제하기 어렵다고 명백하게 인정되는 경우에는 제1항에도 불구하고 기준수량 미만으로 수입수량을 제한할 수 있다.

③ 산업통상자원부장관은 제1항이나 제2항에 따라 제한되는 수입수량을 각 국가별로 할당할 수 있다.

제69조(수입수량 제출조치의 연장 등)

산업통상자원부장관은 시행 중인 수입수량 제한조치에 대하여 무역위원회가 그 조치 내용의 변경이나 적용기간의 연장을 건의하면 그 건의가 접수된 날부터 1개월 이내에(연장의 경우 법 제39조에 함께 수입수량 제한조치의 적용기간이 끝나는 날 이전에) 그 조치의 내용의 변경이나 기간의 연장 여부를 결정하고 그 내용을 무역위원회에 통보하여야 한다.

제40조(수입수량제한조치에 대한 연장 등)

① 산업통상자원부장관은 무역위원회의 건의가 있고 필요하다고 인정하면 수입수량제한조치의 내용을 변경하거나 적용기간을 연장할 수 있다. 이 경우 변경되는 조치 내용 및 연장되는 적용기간 이내에 변경되는 조치 내용은 최초의 조치 내용보다 완화되어야 한다.

② 제1항에 따라 수입수량제한조치의 적용기간을 연장하는 때에는 수입수량제한조치의 적용기간과 잠정긴급관세의 부과기간 및 그 연장기간을 전부 합산한 기간이 8년을 넘어서는 아니 된다.

제41조 삭제

제70조 삭제

제5장 수출입의 질서 유지

제1절 무역거래자 등의 수출입 질서의 유지

제42조 삭제

제43조(수출입 물품등의 가격 조작 금지) 무역거래자는 외화도피의 목적으로 물품등의 수출 또는 수입 가격을 조작(造作)하여서는 아니 된다.

제44조(무역거래자간 무역분쟁의 신속한 해결)
① 무역거래자는 그 상호 간에나 교역상대국의 무역거래자와 물품등의 수출·수입과 관련하여 분쟁이 발생한 경우에는 정당한 사유 없이 그 분쟁의 해결을 지연시켜서는 아니 된다.
② 산업통상자원부장관은 제1항에 따른 분쟁이 발생한 경우 무역거래자에게 분쟁의 해결에 관한 의견을 진술하게 하거나 그 분쟁과 관련되는 서류의 제출을 요구할 수 있다.
③ 산업통상자원부장관은 제2항에 따라 서류를 제출받거나 의견을 들은 후에 필요하다고 인정하면 그 분쟁에 관하여 사실 조사를 할 수 있다.
④ 산업통상자원부장관은 제1항에 따른 분쟁을 신속하고 공정하게 처리하는 것이 필요하다고 인정하거나 무역분쟁 당사자의 신청을 받으면 대통령령으로 정하는 바에 따라 분쟁을 조정하거나 분쟁의 해결을 위한 중재(仲裁) 계약의 체결을 권고할 수 있다.

제45조(선적 전 검사와 관련한 분쟁 조정 등)
① 수입국 정부와의 계약 또는 수입국 정부의 위임을 받아 기업이 수출하는 물품등에 대하여 국내에서 선적 전에 검사를 실시하는 기관(이하 "선적전검사기관"이라 한다)은 「세계무역기구 선적 전 검사에 관한 협정」을 지켜야 한다. 이 경우 선적전검사기관은 선적 전 검사가 기업의 수출에 대한 무역장벽으로 작용하도록 하여서는 아니 된다.
② 산업통상자원부장관은 선적 전 검사와 관련하여 수출자와 선적전검사기관 간에 분쟁이 발생하였을 경우에는 그 해결을 위하여 필요한 조정(調整)을 할 수 있다.
③ 제2항의 분쟁에 관한 중재(仲裁)를 담당할 수 있도록 대통령령으로 정하는 바에 따라 독립적인 중재기관을 설치할 수 있다.

제2절 분쟁조정 등

제71조 삭제
제72조 삭제
제73조 삭제
제74조 삭제

제75조(무역분쟁의 통지 등)
① 대한민국국제외교공관의 장이 교역상대국의 무역거래자 및 무역분쟁해결기관의 장으로부터 무역분쟁 사실을 신고로 받거나 업무를 수행하면서 무역분쟁 사실을 알게 된 경우에는 지체 없이 그 사실을 산업통상자원부장관에게 알려야 한다. 대한무역투자진흥공사, 수출조합, 그 밖에 수출·수입과 관련된 기관의 경우에도 또한 같다.
② 산업통상자원부장관은 제1항에 따라 무역분쟁 사실의 통지를 받은 경우 그 분쟁을 신속하게 해결하기 위하여 필요하다고 인정할 때에는 조정(調整) 또는 알선을 할 수 있다.

제76조(선적 전 검사가 무역장벽으로 간주되는 경우)
법 제45조제1항에 따른 선적전검사기관이 선적 전 검사를 하면서 「세계무역기구 선적 전 검사에 관한 훈령」 제2조를 위반하여 수출 이행에 장애를 초래하였을 때에 그 선적 전 검사는 무역장벽으로 작용한 것으로 본다.

제77조 삭제
제78조 삭제
제79조 삭제

제80조(분쟁조정 신청 등)

① 무역거래 또는 선적 전 검사와 관련한 분쟁이 발생한 경우 당사자의 일방 또는 쌍방은 법 제44조제4항이나 법 제45조제2항에 따라 산업통상자원부장관에게 분쟁의 조정을 신청할 수 있다.

② 제1항에 따른 신청절차 등 신청에 필요한 사항은 산업통상자원부장관이 따로 정하여 고시한다.

③ 산업통상자원부장관은 조정을 위하여 관계 전문가에게 자문하거나 이해관계자 등의 의견을 들을 수 있다.

제81조(조정안의 작성)

① 산업통상자원부장관은 조정신청을 받은 때에는 30일 이내에 조정안을 작성하여 당사자에게 제시하여야 한다.

② 제1항에 따른 조정안에는 다음 각 호의 사항이 포함되어야 한다.
1. 조정 사건의 표시
2. 조정의 일시 및 장소
3. 당사자의 성명 또는 명칭
4. 조정안의 주요 내용

제82조(조정안의 통지)

① 산업통상자원부장관은 제81조에 따라 조정안이 작성된 경우에는 당사자에게 알려야 한다.

② 제1항에 따라 조정안을 통지받은 분쟁 당사자는 7일 이내에 조정안에 대한 수락 여부를 서면으로 산업통상자원부장관에게 알려야 한다.

제83조(조정의 종료)

① 산업통상자원부장관은 다음 각 호의 어느 하나에 해당하는 경우에는 해당 조정 사건을 끝낼 수 있다.
1. 당사자 간에 합의가 이루어지거나 조정안이 수락된 경우
2. 조정신청인이나 당사자가 조정신청을 철회한 경우
3. 당사자가 조정안을 거부한 경우
4. 당사자 간에 합의가 성립될 가능성이 없다고 인정되는 경우나 그 밖에 조정할 필요가 없다고 판단되는 경우

② 산업통상자원부장관은 조정이 끝난 경우에는 당사자에게 알려야 한다.

제46조(조정명령)

① 산업통상자원부장관은 다음 각 호의 어느 하나에 해당하는 경우에는 무역거래자에게 수출하는 물품등의 가격, 수량, 품질, 그 밖에 거래조건 또는 그 대상지역 등에 관하여 필요한 조정(調整)을 명할 수 있다.

1. 헌법에 따라 체결·공포된 조약과 일반적으로 승인된 국제법규에 따른 의무 이행을 위하여 필요한 경우
2. 우리나라 또는 교역상대국의 관련 법령에 위반되는 경우
3. 그 밖에 물품등의 수출이 공정한 경쟁을 교란할 우려가 있거나 대외 신용을 손상하는 행위를 방지하기 위한 것으로서 다음 각 목의 어느 하나에 해당하는 경우
    가. 물품등의 수출과 관련하여 부당하게 다른 무역거래자를 배제하는 경우
    나. 물품등의 수출과 관련하여 부당하게 다른 무역거래자의 상대방에 대하여 다른 무역거래자와 거래하지 아니하도록 유인하거나 강제하는 경우
    다. 물품등의 수출과 관련하여 부당하게 다른 무역거래자의 해외에서의 사업활동을 방해하는 경우

② 산업통상자원부장관은 제1항에 따라 조정을 명하는 경우에는 다음 각 호의 사항을 고려하여야 한다.

1. 수출기반의 안정, 새로운 상품의 개발 또는 새로운 해외시장의 개척에 기여할 것
2. 다른 무역거래자의 권익을 부당하게 침해하거나 차별하지 아니할 것

제84조(조정비용)

① 산업통상자원부장관은 이 법에 따른 조정과 관련하여 당사자에게 조정비용을 부담하도록 할 수 있다.

② 조정비용은 신청료금, 경비 및 수당으로 구분하며, 조정비용의 금액, 예납절차(豫納節次) 등에 관하여 필요한 사항은 산업통상자원부장관이 정하여 고시한다.

제85조(선적전검사중재기관)

① 법 제45조제3항에 따른 중재기관은 「중재법」 제40조에 따라 산업통상자원부장관이 지정하는 사단법인(이하 "대한상사중재원"이라 한다)으로 한다.

② 법 제45조제3항에 따른 중재에 대하여는 「중재법」을 적용한다.

제86조(세계무역기구협정상의 분쟁 해결절차와의 관계)

이 법에 따른 선적 전 검사와 관련한 분쟁의 해결절차는 세계무역기구협정상의 분쟁 해결 절차를 방해하지 아니한다.

제87조(조정명령의 기준)

산업통상자원부장관은 조정을 명하기가 필요하다고 인정하면 법 제46조제1항제3호에 따른 조정을 명할 수 있는 경우에 대한 기준을 정하여 고시하여 관련 중앙행정기관의 장의 의견을 들어야 한다.

제88조(조정명령 등)

① 산업통상자원부장관은 법 제46조에 따른 조정을 명하기 위하여 관계 전문가에게 자문하거나 이해관계자 등의 의견을 들을 수 있다.

② 산업통상자원부장관은 법 제46조에 따른 조정을 명하는 경우 기업의 영업비밀 보호를 침해할 우려 등 특별한 사유가 없으면 조정을 명하는 이유, 대상, 내용 등을 공고하여야 한다.

3. 물품등의 수출·수입의 질서 유지를 위한 목적에 필요한 정도를 넘지 아니할 것
④ 제1항에 따라 조정을 명하는 절차 등에 필요한 사항은 대통령령으로 정한다.
④ 산업통상자원부장관은 제1항에 따라 조정을 명하는 경우에 필요하다고 인정하면 제11조제2항에 따른 승인을 하지 아니하거나 관계 기관의 장에게 승인에 관련된 절차를 중지하게 할 수 있다.

제6장 보칙

제47조(청문)
산업통상자원부장관 또는 관계 행정기관의 장은 다음 각 호의 어느 하나에 해당하는 처분을 하려면 청문을 하여야 한다.
1. 제8조의2제3항에 따른 전문무역상사의 지정 취소
2. 제19조의7에 따른 수출허가, 상황허가, 경유 또는 환적허가 및 중개허가의 취소
3. 제46조제1항에 따른 조정명령

제48조(보고와 검사 등)
① 산업통상자원부장관 또는 관계 행정기관의 장은 제5조제4호에 따라 제한되거나 금지된 물품등을 수출, 수입, 경유, 환적 또는 중개하거나 하려는 자, 같은 조 제4조의2에 따라 제한되거나 금지된 물품등을 수출, 수입하거나 하려고 한 자 또는 수출하거나 수출하려는 자, 상황허가, 경유 또는 환적하거나 하려는 자, 환적 또는 중개하였거나 하려고 한 자에게 다음 각 호의 사항에 관한 보고를 하게 하고, 수출신고, 경유, 환적 또는 중개하였거나 하려고 한 자에게 다음 각 호의 사항에 관한 보고를 하게 하고, 자료의 제출을 명할 수 있다.
1. 수입국
2. 수입자·최종사용자 또는 그의 위임을 받은 자 및 그 소재지, 사업 분야, 주요 거래자 및 사용 목적
3. 수입자·최종사용자 또는 그의 위임을 받은 자를 확인하기 위한 수입국의 권한 있는 기관이 발급한 납세증명서나 등 관련 자료 또는 대외 공표자료
4. 그 밖에 운송수단, 경유국(經由國), 환적국(換積國), 대금 결제방법 등 산업통상자원부장관이 정하여 고시하는 사항

② 산업통상자원부장관 또는 관계 행정기관의 장은 전문판정 신청 정보 점검이나 자가판정 결과 점검을 위하여 전문판정을 신청한 자 또는 자가판정을 한 자에게 물품등의 성능, 용도 및 기술적 특성을 표시하는 상품안내서, 사양서 등 자료의 제출을 명할 수 있으며, 용도 및 기술적 특성을 표시하는 상품안내서, 사양서 등 자료의 제출을 명할 수 있다.

③ 산업통상자원부장관 또는 관계 행정기관의 장은 이 법의 시행을 위하여 필요하다고 인정하면 그 소속 공무원에게 제1항에 규정된 자의 사무소, 영업소, 공장 또는 창고 등에서 장부·서류나 그 밖의 물건을 검사하게 할 수 있다.

④ 제3항에 따라 검사를 하는 공무원은 그 권한을 표시하는 증표를 지니고, 이를 관계인에게 내보여야 한다.

제89조 삭제

제90조(수수료)
법 제37조에 따라 수출 물품 또는 국내생산물품등의 원산지증명서를 발급받으려는 자는 산업통상자원부장관이 정하여 고시하는 수수료를 내야 한다.

제49조(교육명령)

산업통상자원부장관 또는 관계 행정기관의 장은 다음 각 호의 어느 하나에 해당하는 자에게 대통령령으로 정하는 바에 따라 교육명령을 부과할 수 있다.

1. 수출허가 또는 상황허가를 받지 아니하고 수출하거나 수출신고한 자
2. 거짓이나 그 밖의 부정한 방법으로 수출하거나 또는 상황허가를 받은 자
3. 경유 또는 환적허가가 및 중개허가를 받지 아니하고 경유·환적·중개한 자
4. 거짓이나 그 밖의 부정한 방법으로 경유 또는 환적허가가 및 중개허가를 받은 자
5. 수출허가, 상황허가, 경유 허가가 및 환적허가나 중개허가를 받았거나 제19조의6제1항에 따라 산업통상자원부장관이나 관계 행정기관의 장이 정한 조건을 이행하지 아니한 자
6. 제19조의6제3항에 따른 허가 관련 서류를 입증하기 위한 서류를 제출하지 아니한 자
7. 제21조제1항에 따른 이동중지명령을 위반하거나 같은 조 제2항에 따른 이동중지조치를 방해한 자

제50조(「독점규제 및 공정거래에 관한 법률」과의 관계)

① 제46조에 따른 산업통상자원부장관의 조정명령의 이행에 대하여는 「독점규제 및 공정거래에 관한 법률」을 적용하지 아니한다.

② 산업통상자원부장관은 제46조에 따른 조정명령이 「독점규제 및 공정거래에 관한 법률」 제2조제1호에 따른 사업자 간의 국내 시장에서의 경쟁을 제한하는 것이면 공정거래위원회와 미리 협의하여야 한다.

제51조(「국가보안법」과의 관계)

이 법에 따른 물품등의 수출·수입행위에 대하여는 그 행위가 업무 수행상 정당하다고 인정되는 범위에서 「국가보안법」을 적용하지 아니한다.

제52조(권한의 위임·위탁)

① 이 법에 따른 산업통상자원부장관의 권한은 대통령령으로 정하는 바에 따라 그 일부를 소속기관의 장, 시·도지사에게 위임하거나 관계 행정기관의 장, 세관장, 한국은행, 한국수출입은행장, 외국환은행장, 그 밖에 대통령령으로 정하는 법인 또는 단체에 위탁할 수 있다.

② 산업통상자원부장관은 제1항에 따라 위임하거나 위탁한 사무에 관하여 그 위임 또는 위탁을 받은 자를 지휘·감독한다.

③ 산업통상자원부장관은 제1항에 따라 위임하거나 위탁한 사무에 관하여 그 위임 또는 위탁을 받은 자에게 필요한 자료의 제출을 요청할 수 있다.

제91조(권한의 위임·위탁)

① 산업통상자원부장관은 법 제52조제1항에 따라 다음 각 호의 권한을 그 대상 물품등의 품목에 따라 그 물품등을 관장하는 중앙 행정기관의 장에게 위탁한다. 다만, 산업통상자원부장관이 관장하는 물품등에 대한 권한은 제외한다.

1. 제24조제2항에 따른 외화획득용 원료·기재의 수입에 관한 권한
2. 제25조에 따른 외화획득용 원료·기재의 기준 소요량 결정에 관한 권한
3. 제27조에 따른 외화획득 이행기간의 결정 및 그 연장에 관한 권한
4. 외화획득용 원료·기재 또는 제조된 물품등(산업통상자원부장관이 정하여 고시하는 품목만 해당한다)에 대한 다음 각 목의 권한
   가. 제28조제1항에 따른 외화획득 이행 여부의 사후 관리에 관한 권한

나. 법 제17조제1항에 따른 사용국의 변경승인에 관한 권한
다. 법 제17조제2항에 따른 양도·양수의 승인에 관한 권한
5. 법 제46조제1항에 따른 조정명령에 관한 권한
6. 제3항제2호에 따라 특별시장·광역시장·도지사 또는 특별자치시장·도지사 또는 특별자치도지사 (이하 "시·도지사"라 한다)에게 위임된 사무에 대한 법 제52조제2항 및 제3항에 따른 지휘·감독 및 자료의 제출 요청에 관한 권한

② 산업통상자원부장관은 법 제52조제1항에 따라 산업통상자원부장관이 관장하는 품목등에 대한 다음 각 호의 권한을 국가기술표준원장에게 위임한다. 다만, 제1호의 권한 중 무체개구에 대한 권한은 국립전파연구원장에게 위탁하여야 한다.
  1. 제25조에 따른 외화획득용 원료·기재의 기준 소요량 결정에 관한 권한
  2. 제28조제1항에 따른 외화획득 이행 여부의 사후 관리에 관한 권한
  3. 제3항제2호에 따라 시·도지사에게 위임된 사무에 대한 법 제52조제2항 및 제3항에 따른 지휘·감독 및 자료의 제출 요청에 관한 권한
  4. 제7항제2호 및 제3호에 따라 산업통상자원부장관이 지정·고시한 관계 행정기관 또는 단체에 위탁된 사무에 대한 법 제52조제2항 및 제3항에 따른 지휘·감독 및 자료의 제출 요청에 관한 권한

③ 산업통상자원부장관은 법 제52조제1항에 따라 자유무역지역관리원의 관장하는 물품등에 대한 다음 각 호의 권한을 시·도지사에게 위임한다. 다만, 자유무역지역관리원의 관할구역의 입주업체에 대한 권한은 자유무역지역관리원장에게 위임한다.
  1. 제27조제2항에 따른 의화획득 이행기간의 연장에 관한 권한
  2. 법 제17조제1항에 따른 사용목적 변경승인에 관한 권한
  3. 삭제
  4. 삭제
  5. 삭제

④ 산업통상자원부장관은 법 제52조제2항에 따라 다음 각 호의 권한을 세관장에게 위탁한다. 다만, 제6호의 권한 중 자유무역지역관리원의 관할구역의 입주업체에 대한 권한은 자유무역지역관리원장에게 위임한다.
  1. 법 제14조에 따른 수출임 승인 면제의 확인에 관한 권한
  2. 제57조제4항에 따른 원산지 표시의 확인에 관한 권한
  3. 법 제33조제5항에 따른 수출등 물품등에 관련 서류의 검사에 관한 권한
  4. 법 제33조의2제1항에 따른 시정조치 명령
  4의2. 법 제33조의2제2항에 따른 과징금 부과 및 영 제59조의2에 따른 과징금 납부기한의 연장, 분할납부 및 그 결정의 취소에 관한 권한

5. 제65조에 따른 원산지증명서의 제출 명령에 관한 권한
6. 제66조제2항 및 제3항에 따른 원산지증명서 발급 업무 중 관세양허(關稅讓許)를 받기 위한 원산지증명서 발급 업무에 관한 권한
7. 법 제59조제2항제3호(이 항 제3호의 권한에 따른 경우만 해당한다)자에 대한 같은 조 제4항에 따른 과태료의 부과·징수에 관한 권한

⑤ 산업통상자원부장관은 법 제52조제1항에 따라 다음 각 호의 업무를 한국무역협회, 「민법」제32조에 따라 해양수산부장관의 허가를 받아 설립된 한국해운협회(이하 "한국해운협회"라 하고, 제4호의 업무에만 해당한다), 「닷광진흥법」제41조제1항 및 같은 법 제45조제1항에 따른 한국관광협회중앙회(제5호의 업무에만 해당한다), 업종별 관광협회(제5호의 업무에만 해당한다) 및 「소프트웨어 진흥법」제10조에 따른 한국소프트웨어산업협회(이하 "한국소프트웨어산업협회"라 하고, 제6호의 업무에만 해당한다)에 위탁한다.
1. 법 제8조의2제1항 및 영 제12조의2제2항·제3항에 따른 전문무역상사의 지정 및 법 제8조의2제3항에 따른 지정의 취소
1의2. 제21조제1항에 따른 무역업고유번호의 부여 및 관리 등 수출입통계 데이터베이스를 구축하기 위한 전산관리체계의 개발·운영
2. 제22조제2항에 따른 수출입 거래에 관한 정보의 수집·분석
3. 제23조에 따른 용역의 수출입의 확인
4. 제23조에 따른 용역 중 해운업의 수출입의 확인
5. 제23조에 따른 용역 중 관광사업의 수출입의 확인
6. 제23조에 따른 전자적 형태의 무체물의 수출입의 확인

⑥ 산업통상자원부장관은 법 제52조제1항에 따라 다음 각 호의 권한을 관세청장에게 위탁한다.
1. 제56조제3항 본문에 따라 산업통상자원부장관이 정하는 원산지 표시방법의 범위에서 그 표시방법에 관한 세부적인 사항을 정하는 권한
1의2. 제57조제1항 및 제2항에 따른 원산지 표시방법의 확인 및 이의제기에 대한 처리 권한
1의3. 제60조의2제2항에 따른 공표에 관한 권한
2. 제62조 및 제63조에 따른 원산지의 판정 및 이의제기의 처리에 관한 권한
3. 제64항에 따라 세관장에게 위탁된 사무에 대한 법 제52조제2항 및 제3항에 따른 지휘·감독 자료의 제출 요청에 관한 권한

⑦ 산업통상자원부장관은 법 제52조제1항부터 제3항까지에 고시하여 관계 행정기관 또는 단체의 장에게 위탁한다.
1. 법 제11조제2항부터 제5항까지에 따른 수출 또는 수입 승인의 대상물품등에 대한 다음 각 호의 권한을 산업통상자원부장관이 지정하여 고시하는 관계 행정기관 또는 단체의 장에게 위탁한다.
1. 법 제11조제2항부터 제5항까지에 따른 수출 또는 수입 승인, 승인의 유효기간 설정 및 연장, 변경승인 및 변경신고 사항의 수리에 관한 권한

2. 제24조에 따른 외화획득용 원료·기재의 수급승인에 관한 권한
3. 산업통상자원부장관이 관장하는 외화획득용 원료·기재에 대한 제28조에 따른 사후 관리에 관한 권한

⑧ 산업통상자원부장관은 법 제5조제1항에 따른 플랜트수출의 승인 및 변경승인(일괄수주방식에 의한 수출로서 국토교통부장관의 동의가 필요한 경우는 제외한다)에 관한 권한을 「산업발전법」 제38조에 따라 산업통상자원부장관의 인가를 받아 설립된 한국기계산업진흥회(이하 "한국기계산업진흥회"라 한다)에 위탁한다. 다만, 연불금융(延拂金融)지원의 경우에는 「한국수출입은행법」에 따른 한국수출입은행에 위탁한다.

⑨ 산업통상자원부장관은 법 제52조제1항에 따라 다음 각 호의 권한을 대한상사중재원에 위탁한다.
1. 제75조제2항에 따른 무역분쟁에 대한 조정 또는 알선에 관한 권한
2. 제80조부터 제84조까지의 규정에 따른 분쟁조정, 조정비용 부담 등에 관한 권한

⑩ 산업통상자원부장관은 법 제5조제1항에 따른 원산지증명서 발급 업무(관세양허를 받기 위한 원산지증명서 발급 업무를 포함한다)를 「상공회의소법」에 따라 설립된 대한상공회의소(이하 "대한상공회의소"라 한다)나 「민법」 제32조에 따라 설립된 법인 중 산업통상자원부장관이 지정하여 고시하는 법인에 위탁한다.

⑪ 산업통상자원부장관은 법 제52조제1항에 따라 제31조에 따른 구매확인서의 발급 및 사후 관리에 관한 권한을 외국환은행의 장 및 「전자무역 촉진에 관한 법률」 제6조에 따라 산업통상자원부장관이 지정한 전자무역기반사업자에게 위탁한다.

⑫ 산업통상자원부장관은 법 제52조제1항에 따라 제36조제2항에 따른 전략물자의 판정 및 통보에 관한 권한을 법 제25조에 따른 무역안보관리원에 위탁한다.

제92조(권한의 위임 · 위탁 등에 따른 조정)

① 시 · 도지사 또는 세관장은 법 제3조의2제2항, 법 제59조제4항(법 제59조제2항 제3호를 위반한 경우만 해당한다) 또는 이 영 제91조제4항제6호의2 및 제7호에 따라 과태료를 부과하려면 각각 세관장이나 시 · 도지사와 미리 협의하여야 한다.

② 제91조에 따라 산업통상자원부장관의 권한을 위임받거나 위탁받은 자는 위임받거나 위탁받은 업무의 처리 결과를 산업통상자원부장관에게 보고하여야 한다. 보고시기, 보고방법 등에 관하여 필요한 사항은 산업통상자원부장관이 정한다.

③ 산업통상자원부장관은 제91조에 따라 권한을 위임받거나 위탁받은 자가 법 또는 이 영을 위반하여 그 위임 또는 위탁받은 업무를 처리한 경우에는 시정조치 등 필요한 조치를 요구할 수 있다.

④ 제3항에 따른 시정조치 등을 요구받은 자는 지체 없이 그 업무를 시정하고 그 결과를 산업통상자원부장관에게 보고하여야 한다.

제7장 벌칙

제53조(벌칙)
① 전략물자등의 국제적 확산을 꾀할 목적으로 다음 각 호의 어느 하나에 해당하는 위반행위를 한 자는 7년 이하의 징역 또는 수출, 경유, 환적 또는 중개하는 물품등의 가격의 5배에 해당하는 금액 이하의 벌금에 처한다.
1. 제19조의2에 따른 수출허가를 받지 아니하고 전략물자를 수출하거나 수출신고한 자
2. 제19조의3에 따른 상황허가를 받지 아니하고 상황허가 대상인 물품등을 수출하거나 수출신고한 자
3. 제19조의4에 따른 경유 또는 환적허가를 받지 아니하고 전략물자등을 경유 또는 환적한 자
4. 제19조의5에 따른 중개허가를 받지 아니하고 전략물자등을 중개한 자

② 다음 각 호의 어느 하나에 해당하는 자는 5년 이하의 징역 또는 수출, 수입, 경유, 환적 또는 중개하는 물품등의 가격의 3배에 해당하는 금액 이하의 벌금에 처한다.
1. 제5조제1호부터 제3호까지, 제4호의2 또는 제5호에 따른 수출, 수입의 제한이나 금지조치를 위반한 자
1의2. 제5조제4호에 따른 수출, 수입, 경유, 환적 또는 중개의 제한이나 금지조치를 위반한 자
2. 제19조의2에 따른 수출허가를 받지 아니하고 전략물자를 수출하거나 수출신고한 자
3. 거짓이나 그 밖의 부정한 방법으로 제19조의2에 따른 수출허가를 받은 자
3의2. 제19조의2에 따른 수출허가를 받았으나 제19조의6제1항에 따라 산업통상자원부장관이나 관계 행정기관의 장이 정한 조건을 이행하지 아니한 자
4. 제19조의3에 따른 상황허가를 받지 아니하고 제19조의3에 따른 상황인 물품등을 수출하거나 수출신고한 자
5. 거짓이나 그 밖의 부정한 방법으로 제19조의3에 따른 상황허가를 받은 자
5의2. 제19조의3에 따른 상황허가를 받았으나 제19조의6제1항에 따라 산업통상자원부장관이나 관계 행정기관의 장이 정한 조건을 이행하지 아니한 자
5의3. 제19조의4에 따른 경유 또는 환적허가를 받지 아니하고 전략물자등을 경유 또는 환적한 자
5의4. 거짓이나 그 밖의 부정한 방법으로 제19조의4에 따른 경유 또는 환적허가를 받은 자
5의5. 제19조의4에 따른 경유 또는 환적허가를 받았으나 제19조의6제1항에 따라 산업통상자원부장관이나 관계 행정기관의 장이 정한 조건을 이행하지 아니한 자
6. 제19조의5에 따른 중개허가를 받지 아니하고 전략물자등을 중개한 자
7. 거짓이나 그 밖의 부정한 방법으로 제19조의5에 따른 중개허가를 받은 자
7의2. 제19조의5에 따른 중개허가를 받았으나 제19조의6제1항에 따라 산업통상자원부장관이나 관계 행정기관의 장이 정한 조건을 이행하지 아니한 자
8. 삭제
9. 제43조를 위반하여 물품등의 수출과 수입의 가격을 조작한 자
10. 제46조제1항에 따른 조정명령을 위반한 자

제53조의2(벌칙)

다음 각 호의 어느 하나에 해당하는 자는 5년 이하의 징역 또는 1억원 이하의 벌금에 처한다. 이 경우 징역과 벌금은 병과(倂科)할 수 있다.

1. 제21조제1항에 따른 이동중지명령을 위반하거나 같은 조 제2항에 따른 이동중지조치를 방해한 자
2. 제33조제4항 각 호(제35조제3항에서 준용하는 경우를 포함한다)를 위반한 무역거래자 또는 물품등의 판매업자
3. 제33조의2제1항에 따른 시정조치 명령을 위반한 자
4. 제38조에 따른 외국산 물품등의 국내 반입 등으로의 가장 금지 의무를 위반한 자

제54조(벌칙)

다음 각 호의 어느 하나에 해당하는 자는 3년 이하의 징역 또는 3천만원 이하의 벌금에 처한다.

1. 제9조제2항을 위반하여 직무상 습득한 기업정보를 타인에게 제공 또는 누설하거나 사용 목적 외의 용도로 사용한 자
2. 제11조제2항 또는 제5항에 따른 승인 또는 변경승인을 받지 아니하고 수출 또는 수입 승인 대상 물품등을 수출하거나 수입한 자
3. 거짓이나 그 밖의 부정한 방법으로 제11조제2항 또는 제5항에 따른 승인 또는 변경승인을 받거나 그 승인 또는 변경승인을 면제받고 물품등을 수출하거나 수입한 자
4. 제16조제3항 본문(제17조제3항에서 준용하는 경우를 포함한다)에 따른 수입에 대응하는 외화획득을 하지 아니한 자
5. 제17조제1항 본문에 따른 승인을 받지 아니하고 목적 외의 용도로 원료·기재 또는 그 원료·기재로 제조된 물품등을 사용한 자
6. 제17조제2항에 따른 승인을 받지 아니하고 원료·기재 또는 그 원료·기재로 제조된 물품등을 양도한 자
7. 거짓이나 그 밖의 부정한 방법으로 제32조에 따른 승인 또는 변경 승인을 받은 자
8. 제29조에 따른 비밀 준수 의무를 위반한 자
9. 삭제
10. 삭제
11. 삭제

제55조(미수범)

제53조제1항, 같은 조 제2항제2호·제4호·제5호의3·제5호·제6호 및 제53조의2제2호·제4호의 미수범은 처벌한다.

제56조 (과실범)
중대한 과실로 제53조의2제2호에 해당하는 행위를 한 자는 2천만원 이하의 벌금에 처한다.

제57조 (양벌규정)
법인의 대표자나 법인 또는 개인의 대리인, 사용인, 그 밖의 종업원이 그 법인 또는 개인의 업무에 관하여 제53조, 제53조의2 또는 제54조부터 제56조까지의 어느 하나에 해당하는 위반행위를 하면 그 행위자를 벌하는 외에 그 법인 또는 개인에게도 해당 조문의 벌금형을 과(科)한다. 다만, 법인 또는 개인이 그 위반행위를 방지하기 위하여 해당 업무에 관하여 상당한 주의와 감독을 게을리하지 아니한 경우에는 그러하지 아니하다.

제58조 (벌칙 적용 시의 공무원 의제)
제25조제5항의 업무를 수행하는 무역안보관리원의 임직원과 산업통상자원부장관이 제52조에 따라 위탁한 사무에 종사하는 한국은행, 한국수출입은행, 외국환은행, 그 밖에 대통령령으로 정하는 법인 또는 단체의 임직원은 「형법」 제129조부터 제132조까지의 벌칙을 적용할 때에는 공무원으로 본다.

제93조 (공무원 의제)
법 제58조에서 "대통령령으로 정하는 법인 또는 단체"란 다음 각 호에 해당하는 기관 또는 단체를 말한다.
1. 한국무역협회
2. 한국소프트웨어산업협회
3. 한국해운협회
4. 「관광진흥법」 제41조제1항·제45조제1항에 따른 한국관광협회중앙회 및 업종별 관광협회
5. 제91조제7항에 따라 지정된 단체
6. 한국기계산업진흥회
7. 대한상사중재원
8. 대한상공회의소
9. 제91조제10항에 따라 지정된 법인

제59조(과태료)

① 다음 각 호의 어느 하나에 해당하는 자에게는 2천만원 이하의 과태료를 부과한다.
1. 제44조제2항을 위반하여 관련되는 서류를 제출하지 아니한 자
2. 제44조제3항에 따른 사실 조사를 거부, 방해 또는 기피한 자
3. 제48조제1항에 따른 보고 또는 자료의 제출을 하지 아니하거나 거짓으로 보고 또는 자료를 제출한 자
3의2. 제48조제2항을 위반하여 자료를 제출하지 아니하거나 거짓으로 자료를 제출한 자
4. 제48조제3항에 따른 검사를 거부, 방해 또는 기피한 자

② 다음 각 호의 어느 하나에 해당하는 자에게는 1천만원 이하의 과태료를 부과한다.
1. 제19조의6제3항에 따른 허가 면제 사유를 입증하기 위한 서류를 제출하지 아니한 자
1의2. 제20조의2제1항 전단을 위반하여 자기판정을 한 자 또는 같은 항 후단을 위반하여 자기판정을 한 후 물품등의 성능과 용도 및 기술적 특성 등 정보를 전략물자 수출입관리 정보시스템에 등록하지 아니한 자
1의3. 제28조에 따른 서류 보관의무를 위반한 자
2. 삭제
3. 제33조제5항에 따른 검사를 거부, 방해 또는 기피한 자
4. 제49조에 따른 교육명령을 이행하지 아니한 자

③ 삭제

④ 제1항 및 제2항에 따른 과태료는 대통령령으로 정하는 바에 따라 산업통상자원부장관이나 시·도지사 또는 관계 행정기관의 장이 부과·징수한다.

⑤ 삭제

⑥ 삭제

제93조의2(규제의 재검토)

① 산업통상자원부장관은 제12조의2제1항에 따른 전문무역상사의 지정 기준에 대하여 2014년 7월 22일을 기준으로 5년마다(매 5년이 되는 해의 기준일과 같은 날 전까지를 말한다) 그 타당성을 검토하여 개선 등의 조치를 하여야 한다.

② 산업통상자원부장관은 다음 각 호의 사항에 대하여 다음 각 호의 기준일을 기준으로 2년마다(매 2년이 되는 해의 기준일과 같은 날 전까지를 말한다) 그 타당성을 검토하여 개선 등의 조치를 하여야 한다.
1. 제5조제2항에 따른 무역의 진흥을 위한 지원 대상이 되는 무역 관련 시설의 기준: 2015년 1월 1일
2. 제43조에 따른 자율준수무역거래자의 지정 등: 2015년 1월 1일
3. 제45조에 따른 자율준수무역거래자의 보고사항 및 보고기간: 2015년 1월 1일
4. 제60조의2제2항에 따른 원산지 표시의무 위반자의 공표사항 및 공표절차: 2015년 1월 1일

제94조(과태료의 부과기준)

법 제59조제1항 및 제2항에 따른 과태료의 부과기준은 별표 4와 같다.

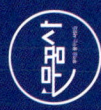

관세사시험 완벽대비를 위한 무꿈사 법령집 시리즈

대외무역법 고시

대외무역관리규정

정재환 관세사 편저

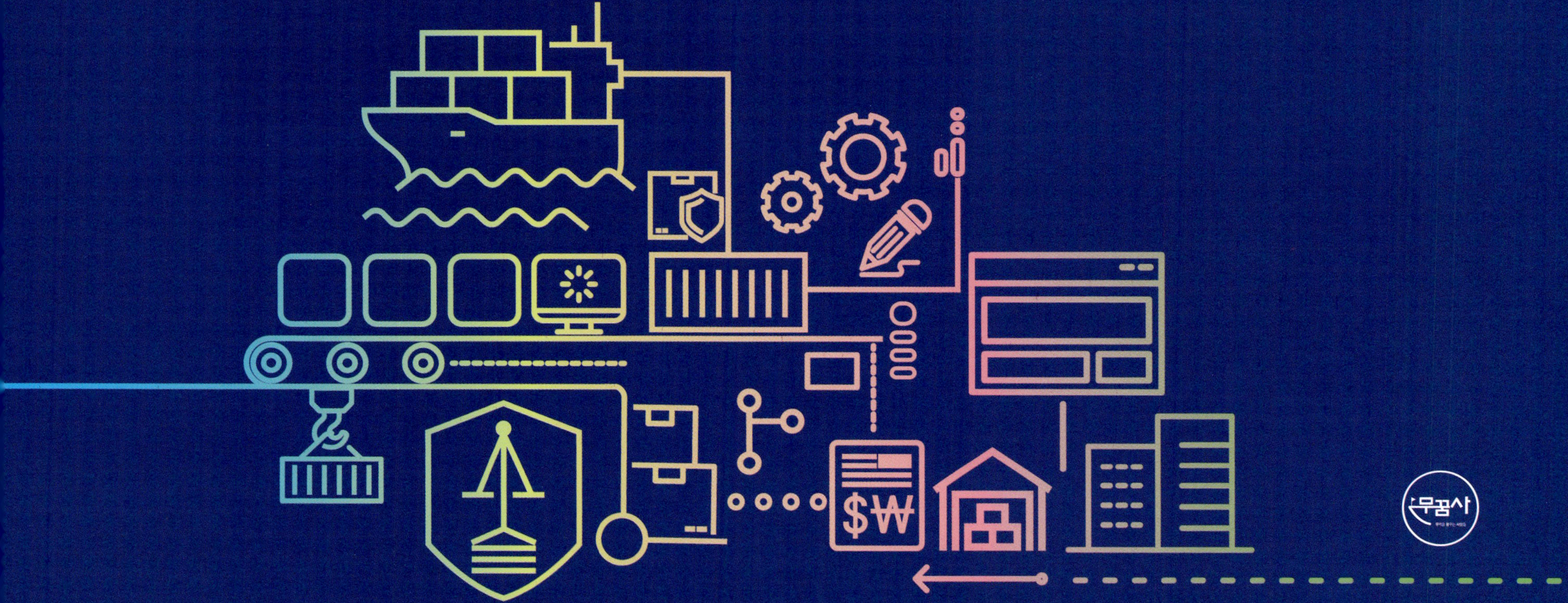

무꿈사

대외무역고시
대외무역관리규정

정재환 관세사 편저

관세사시험 완벽대비를 위한 무공사 법령집 시리즈

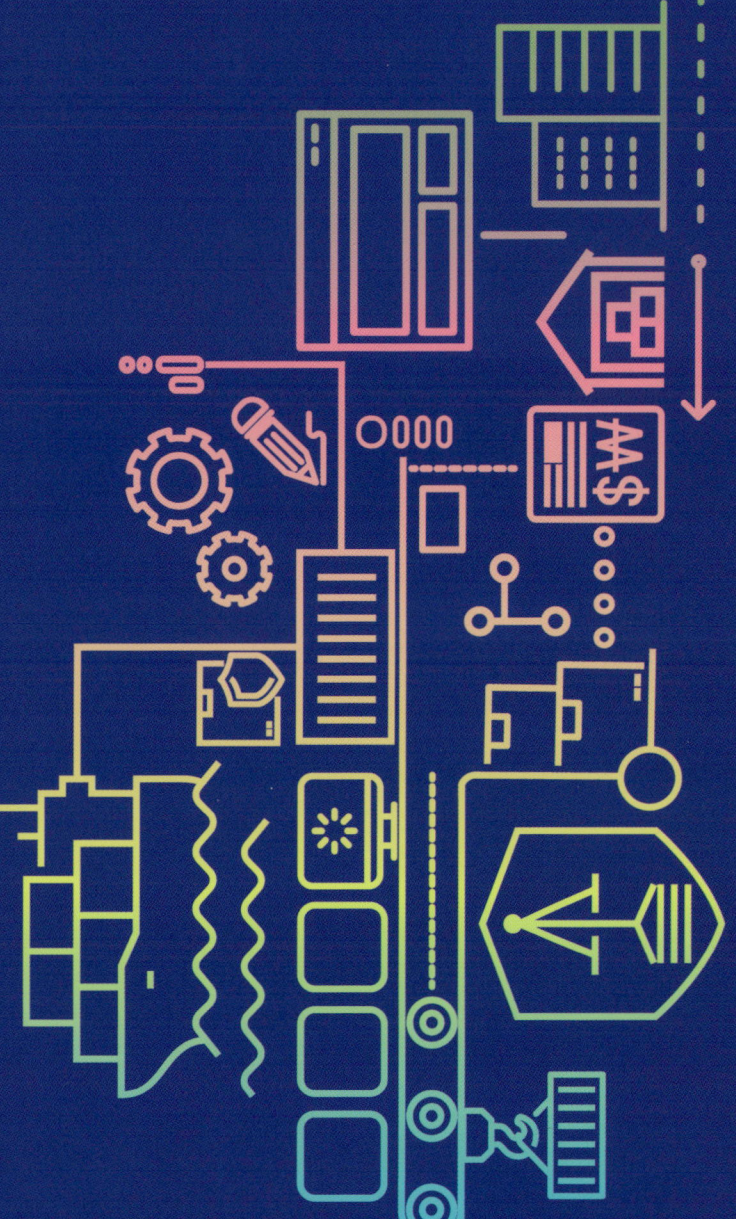

5장
대외무역법

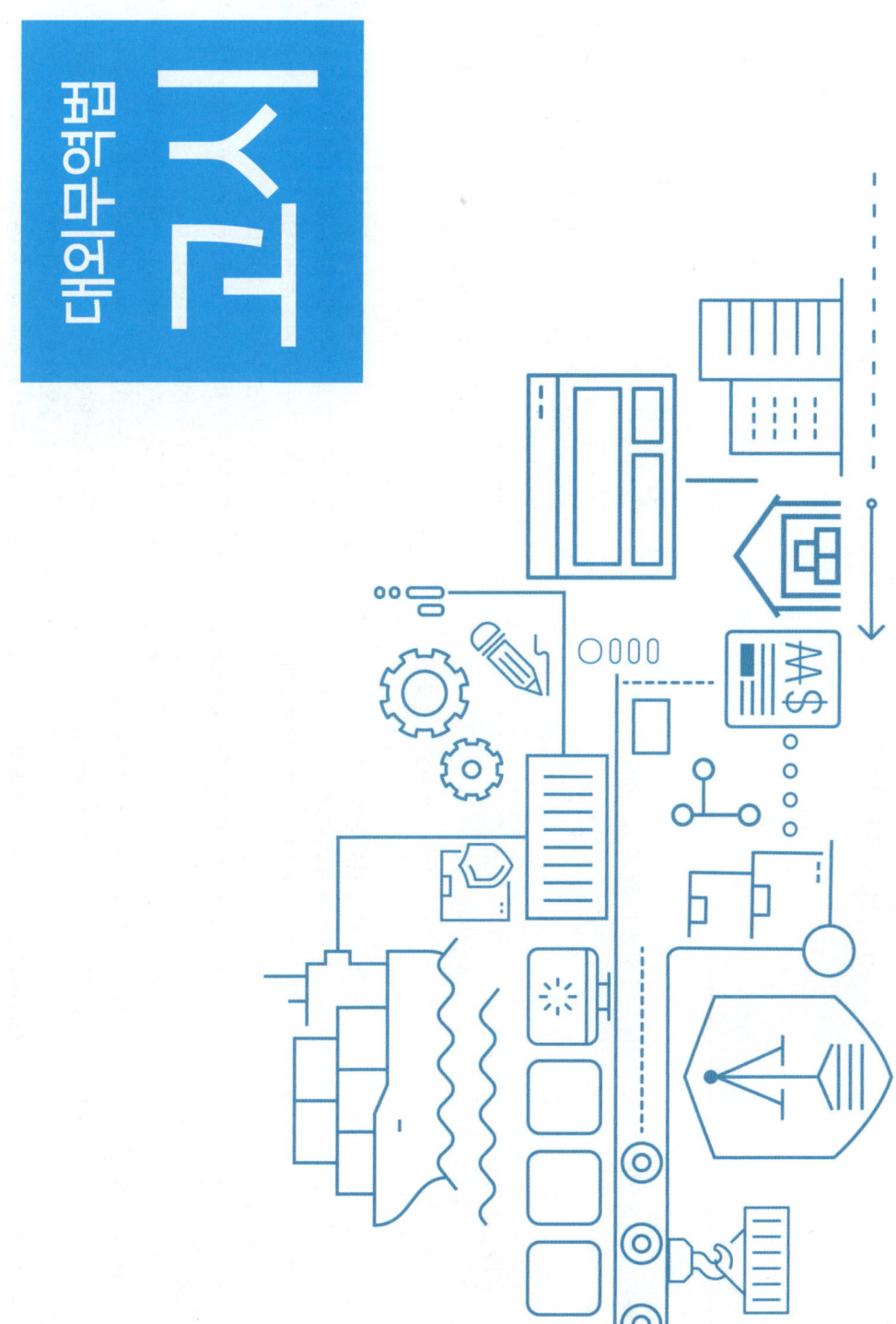

대외무역관리규정

[시행 2024. 3. 8.] [산업통상자원부고시 제2024-43호, 2024. 3. 8., 일부개정]

제1장 총칙

제1조(목적)

이 규정은 「대외무역법」과 「대외무역법 시행령」에서 위임한 사항과 그 시행에 필요한 사항을 정함을 목적으로 한다.

제2조(정의)

이 규정에서 사용하는 용어의 뜻은 다음과 같다.

1. "외화"란 「외국환거래법」령에 따른 대외지급수단을 말한다.

2. "수출입공고"란 「대외무역법 시행령」(이하 "영"이라 한다)제16조에 따른 수출입공고를 말한다.

3. 영 제2조제3호나목 및 제4호나목의 "산업통상자원부장관이 정하여 고시하는 기준에 해당하는 것"이란 제11호부터 제13호까지의 규정에 따른 거래를 말한다.

4. "위탁판매수출"이란 물품등을 무환으로 수출하여 해당 물품이 판매된 범위안에서 대금을 결제하는 계약에 의한 수출을 말한다.

5. "수탁판매수입"이란 물품등을 무환으로 수입하여 해당 물품이 판매된 범위안에서 대금을 결제하는 계약에 의한 수입을 말한다.

6. "위탁가공무역"이란 가공임을 지급하는 조건으로 외국에서 가공(제조, 조립, 재생, 개조를 포함한다. 이하 같다)할 원료의 전부 또는 일부를 거래 상대방에게 수출하거나 외국에서 조달하여 이를 가공한 후 가공물품등을 수입하거나 외국으로 인도하는 수출입을 말한다.

7. "수탁가공무역"이란 가득액을 영수(領收)하기 위하여 원자재의 전부 또는 일부를 거래 상대방의 위탁에 의하여 수입하여 이를 가공한 후 위탁자 또는 그가 지정하는 자에게 가공물품등을 수출하는 수출입을 말한다. 다만, 위탁자가 지정하는 자가 국내에 있음으로써 보세공장 및 자유무역지역에서 가공한 물품등을 외국으로 수출할 수 없는 경우 「관세법」에 따른 수탁자의 수출・반출과 위탁자가 지정한 자의 수입・반입・사용은 이를 「대외무역법」(이하 "법"이라 한다)에 따른 수출・수입으로 본다.

8. "임대수출"이란 임대(사용대차를 포함한다. 이하 같다) 계약에 의하여 물품등을 수출하여 일정기간 후 다시 수입하거나 그 기간의 만료 전 또는 만료 후 해당 물품의 소유권을 이전하는 수출을 말한다.

9. "임차수입"이란 임차(사용대차를 포함한다. 이하 같다) 계약에 의하여 물품등을 수입하여 일정기간 후 다시 수출하거나 그 기간의 만료 전 또는 만료 후 해당 물품의 소유권을 이전받는 수입을 말한다.

10. "연계무역"이란 물물교환(Barter Trade), 구상무역(Compensation trade), 대응구매(Counter purchase), 제품환매(Buy Back) 등의 형태에 의하여 수출・수입이 연계되어 이루어지는 수출입을 말한다.

11. "중계무역"이란 수출할 것을 목적으로 물품등을 수입하여 「관세법」제154조에 따른 보세구역 및 같은 법 제156조에 따라 보세구역외 장치의 허가를 받은 장소 또는 자유무역지역의 지정 등에 관한 법률 제4조에 따른 자유무역지역 이외의 국내에 반입하지 아니하고 수출하는 수출입을 말한다.

12. "외국인수수입"이란 수입대금은 국내에서 지급되지만 수입 물품등은 외국에서 인수하거나 제공받는 수입을 말한다.

13. "외국인도수출"이란 수출대금은 국내에서 영수하지만 국내에서 통관되지 아니한 수출 물품등을 외국으로 인도하거나 제공하는 수출을 말한다.

14. "무환수출입"이란 외국환 거래가 수반되지 아니하는 물품등의 수출・수입을 말한다.

15. "기자재"란 기계, 장치 및 자재를 말한다.

16. "시설재"란 시설, 기계, 장치, 부품 및 구성품을 말한다.

17. "수출유망중소기업"이란 「신업통상자원부장관이 정한 "수출유망중소기업 지원요령"에 따라 수출유망중소기업으로 지정된 업체를 말한다.

18. "구매확인서"란 외화획득용 원료・기재를 구매하려는 경우 또는 구매한 경우 외국환은행의 장 또는 「전자무역 촉진에 관한 법률」제6조에 따라 산업통상자원부장관이 지정한 전자무역기반사업자(이하 "전자무역기반사업자"라 한다)가 내국신용장에

② 영 제2조제4호다목에 따른 "산업통상자원부장관이 정하여 고시하는 방법으로 제공하는 것"이란 다음 각 호의 어느 하나의 방법에 따라 공급하는 것을 말한다.
1. 용역의 국경을 넘은 이동에 의한 제공
2. 거주자의 외국에서의 소비에 의한 제공
3. 비거주자의 상업적 국내주재에 의한 제공
4. 비거주자의 국내로 이동에 의한 제공

③ 영 제3조제1호자목에서 "그 밖에 지식기반용역 등 수출유망산업으로서 산업통상자원부장관이 정하여 고시하는 업종"이란 다음 각 호의 업종을 말한다.
1. 전기통신업
2. 금융 및 보험업
3. 임대업
4. 광고업
5. 사업시설 유지관리 서비스업
6. 교육 서비스업
7. 보건업
8. 연구개발업
9. 번역 및 통역 서비스업

제4조(전자적 형태의 무체물)

영 제4조제2호에 따른 "부호·문자·음성·음향·이미지·영상 등을 디지털방식으로 제작하거나 처리한 자료 또는 정보 등으로서 산업통상자원부장관이 정하여 고시하는 것"이란 다음 각 호의 자료 또는 정보 등을 말한다.
1. 영상물(영화, 게임, 애니메이션, 만화, 캐릭터를 포함한다)
2. 음향·음성물
3. 전자서적
4. 데이터베이스

제5조(전자적 형태의 무체물의 수출입)

영 제2조제3호마목 및 제4조제4호라목에 따른 "그 밖에 산업통상자원부장관이 정하여 고시하는 방법"이란 정보처리능력을 가진 장치에 저장된 상태로 반출·반입한 후 인도·인수하는 것을 말한다.

순하여 발급하는 증서(구매한 경우에는 구매확인서나 신청인이 세금계산서를 발급받아 부가가치세법 시행규칙 제9조의2에서 정한 기한 내에 신청하여 발급받은 증서에 한한다)를 말한다.

19. "내국신용장"이란 한국은행총재가 정하는 바에 따라 외국환은행의 장이 발급하여 국내에서 통용되는 신용장을 말한다.

20. "평균 순요량"이란 외화획득용 물품등을 생산하는 과정에서 생기는 원자재의 손모량(손실량 및 불량품 생산에 소요된 원자재의 양을 포함한다)의 평균량을 말한다.

21. "손모량"이란 평균 순요량을 백분율로 표시한 값을 말한다.

22. "단위실량"이란 외화획득용 물품등 1단위를 형성하고 있는 원자재의 양을 말한다.

23. "기준 소요량"이란 외화획득용 물품등 1단위를 생산하는 데 소요되는 원자재의 양을 고시하기 위한 것으로서 단위실량과 평균 손모량을 합한 양을 말한다.

24. "단위자율소요량"이란 기준 소요량이 고시되지 아니한 품목에 대하여 외화획득용 물품등 1단위를 생산하는 데 소요된 원자재의 양을 자율적으로 산출한 것으로서 단위실량과 평균 손모량을 합한 양을 말한다.

25. "소요량"이란 외화획득용 물품등의 전량을 생산하는 데 소요된 원자재의 양을 해당 기업이 자체 계산한 서류를 말한다.

26. "자율소요량계산서"란 외화획득용을 이행하는 데 소요된 원자재의 양을 해당 기업이 자체 계산한 서류를 말한다.

27. "사후 관리기관의 장"이란 각종 수출 또는 수입승인의 이행상황을 확인하고 그 결과에 따라 필요한 조치를 하는 업무를 담당하도록 산업통상자원부장관이 지정·고시한 기관·단체의 장을 말한다.

28. "유통업자"란 부가가치세법에 따른 사업자등록증상의 도매업자(한국표준산업분류상의 도매 및 상품중개업을 말한다), 조달청장 및 중소기업협동조합법에서 정하는 중소기업협동조합을 말한다.

제3조(용역의 공급)

① 영 제2조제3호라목에 따른 "산업통상자원부장관이 정하여 고시하는 방법으로 제공하는 것"이란 다음 각 호의 어느 하나의 방법에 따라 제공하는 것을 말한다.
1. 용역의 국경을 넘은 이동에 의한 제공
2. 비거주자의 국내에서의 소비에 의한 제공
3. 거주자의 상업적 해외주재에 의한 제공
4. 거주자의 외국으로 이동에 의한 제공

제6조(무역 관련 시설의 지정)

① 영 제3조제2항에 규정된 무역 관련 시설로 지정받으려는 자는 다음 각 호의 서류를 첨부하여 산업통상자원부장관에게 신청하여야 한다.

1. 사업계획서 1부
2. 산업통상자원부 장관은 건축물 등기부등본, 건축물 관리대장 등본, 전축물대장 등본 및 토지대장 등본 각 1부 또는 건축하가서 사본을 전자정부법 제36조제1항에 따른 행정정보의 공동이용을 통하여 확인하여야 한다.

② 제1항에 따른 사업계획서에는 시설 및 부속토지의 면적 등 시설체계, 조직, 사업운영 기본방향 등 향후 2개년의 사업계획 등이 포함되어야 한다.

③ 산업통상자원부장관은 제1항에 따른 신청을 받은 경우 영 제3조제2항의 기준과 무역진흥 관련 사업타당성 등을 심토하여 무역 관련 시설로 지정하여야 한다.

④ 삭제

⑤ 제3항에 따라 지정된 무역 관련 시설은 별표 1과 같다.

제7조(전문무역상사의 지정요건)

① 영 제12조의2 제1항 제1호에 따라 전문무역상사로 지정받을 수 있는 자는 다음 각 호의 기준을 충족하는 자료 한다.

1. 전년도의 수출실적 또는 최근 3년간의 평균 수출실적이 미화 100만불 이상인 자
2. 전체 수출실적 대비 타 중소·중견기업 생산 제품이 전년도 수출 비중 또는 최근 3년 평균 수출 비중이 100분의 20 이상인 자

② 영 제12조의2 제1항·제2항에 따라 전문무역상사로 지정받을 지원, 국내 마케팅 지원 서비스업 등 수출시장 다변화를 위해 전략적 수출확대에 지원이 필요한 분야에서, 다음 각 호의 어느 하나에 해당하여 주무 부처 장관의 추천을 받은 자 중 산업통상자원부 장관이 그 능력이 있다고 인정하는 자료 한다.

1. 협동조합기본법에 의한 협동조합
2. 농어업경영체 육성 및 지원에 관한 법률에 따른 영농조합법인 또는 영어조합법인
3. 농업협동조합법에 따라 설립된 조합 및 조합공동사업법인
4. 수산업협동조합법에 따라 설립된 조합
5. 중소기업협동조합법에 따라 설립된 협동조합, 사업협동조합 또는 협동조합연합회
6. 대중소기업 공동출자형 수출전문기업
7. 업종별 협회·단체의 무역자회사
8. 공공기관(공공기관의 운영에 관한 법률 제4조에 따른 공공기관을 말한다)이 출자하여 설립한 무역상사

9. 기타 전문무역상사의 취지에 적합하다고 주무 부처 장관의 추천을 받아 장관이 신청한 수출조직

③ 영 제12조의2 제3항에 따라 중소·중견 기업에 대한 효과적인 수출 지원을 위하여 해당하여 산업통상자원부장관이 지정하여 장관이 그 능력이 있다고 인정하는 다음 각 호의 어느 하나에 인정하는 자료 한다.

1. 전년도 또는 최근 3년간 평균 수출 실적이 미화 1억불 이상인자로서 무역거래를 주로 영위하는 자
2. 유통산업발전법 제2조 3호에 따른 대규모 점포를 국내에서 1개 이상 직접 운영하면서 매출액이 500억원 이상인 자
3. 대·외에서 방송채널 및 사이버몰 등 전자상거래 수단을 1개 이상 직접 운영하면서 전년도 국내 매출 또는 국내거래에 미화 100만불 이상인 자
4. 최근 2년 내 해외정부 또는 국제기구에 대하여 직접 조달 납품한 실적이 미화 100만불 이상인자
5. 해외동포의 수출입국가별점적위원회관련법률 제2조에 따른 해외동포로서 직전년도 한국제품 교역실적이 미화 100만불 이상이면서 한국제품 구매실적이 미화 50만불 이상인 자

④ 제1항 내지 제3항에도 불구하고 한국무역보험공사 신용조사 보고서상 신용등급 중 최하위 2개 등급인 경우에는 전문무역상사의 지정을 거부 또는 취소한다.

제7조의2(전문무역상사의 지정 절차)

① 영 제12조의2 제2항에 따라 전문무역상사로 지정받고자 하는 자는 다음 각 호의 서류를 갖추어 한국무역협회 회장에게 신청하여야 한다.

1. 전문무역상사 지정신청서
2. 사업자등록증
3. 중소기업 수출지원 기에 관한 사업계획서
4. 기타 실적증명 및 활동계획서 등 전문무역상사 지정요건에 부합함을 증명하는 서류 등

② 한국무역협회 회장은 전문무역상사의 지정, 갱신, 지정취소 등을 심사·의결하기 위하여 한국무역협회 전문무역상사 심사위원회(이하 이 절에서 "심사위원회"라 한다)를 구성하여 운영한다. 전문무역상사 심사위원회의 구성 및 운영에 필요한 세부사항은 별도로 정한다.

③ 한국무역협회 회장은 심사위원회를 통해 전문무역상사 지정한 경우에는 지정증을 발급하여야 한다.

제2장 수출입 거래 총칙

제1절 수출입승인 등

제8조(수출입 승인기관)

영 제91조제7항의 "산업통상자원부장관이 지정하여 고시하는 관계 행정기관 또는 단체의 장"은 수출입공고에서 산업통상자원부장관이 지정·고시한 기관·단체(이하 "승인기관"이라 한다)의 장을 말한다.

제9조(수출입승인 물품등)

법 제11조제1항 및 영 제16조에 따라 "산업통상자원부장관이 수출 또는 수입 승인 대상물품등으로 지정·고시한 물품등"이란 수출입공고에서 정한 물품등(다만, 중계무역 물품, 외국인수수입 물품, 외국인도수출 물품, 선용품은 제외한다)을 말한다.

제10조(수출입의 승인 신청 등)

① 영 제18조에 따라 수출 또는 수입의 승인을 받으려는 자는 별지 제3호부터 별지 제5호까지의 서식에 의한 수출입승인 신청서(업체용, 세관용, 승인기관용(산업통상자원부용)) 및 사본(신청자가 신청한 경우만 해당한다)에 다음 각 호의 서류를 첨부하여 수출입 승인기관의 장에게 신청하여야 한다.

1. 수출신용장, 수출계약서 또는 주문서(수출의 경우만 해당한다)
2. 수입계약서 또는 물품매도확약서(공급자와 수입자가 수입의 경우만 해당한다)
3. 수출 또는 수입대행계약서(공급자와 수입자가 다른 경우 및 실수요자와 수입자가 다른 경우만 해당한다)
4. 수출입공고에서 규정한 요건을 충족하는 서류(다만, 해당 승인기관에서 승인 요건의 충족 여부를 확인할 수 있는 경우는 제외한다)

② 제1항에 따른 수출입의 승인 신청이 제11조부터 제13호까지 별지 제3호부터 제5호까지의 서식에 의한 수출입승인의 요건에 합당한 경우 수출입 승인기관의 장은 별지 제3호부터 제5호까지(산업통상자원부용) 및 사본(신청자가 요청한 경우만 해당한다)에 의한 수출입승인서[업체용, 세관용, 승인기관용(산업통상자원부용) 및 사본(신청자가 요청한 경우만 해당한다)]를 발급하여야 한다. 다만, 수출입 물품등을 보함에 발급할 수 있다.

제11조(수출입승인의 요건)

수출입 승인기관의 장은 수출·수입의 승인을 하려는 경우에는 다음 각 호의 요건에 합당한지를 확인하여야 한다.

1. 수출·수입하려는 자가 승인을 받을 수 있는 자격이 있을 것
2. 수출·수입하려는 물품등이 수출입공고 및 이 규정에 따른 승인 요건을 충족한 물품등일 것
3. 수출·수입하려는 물품등의 품목분류번호(HS)의 적용이 적정할 것

제12조(수출입승인 유효기간의 설정)

영 제18조제2항 단서에 따라 다음 각 호의 어느 하나에 해당하는 경우에는 1년 이내 또는 20년의 범위 내에서 유효기간을 달리 다음 각 호의 따라 수급 조정과의 1년 이내로 유효기간을 단축하여 설정할 수 있다.

1. 산업통상자원부장관이 물가 안정 또는 수급 조정을 위하여 1년 이내로 유효기간의 단축이 필요하다고 인정하는 경우
2. 물품등의 제조·가공기간이 1년을 초과하는 경우 등 물품등의 선적 또는 도착기일을 감안하여 1년 이내에 물품등의 선적이나 도착이 어려울 것으로 수출입 승인기관의 장이 인정하는 경우
3. 수출·수입이 혼합된 거래로서 수출입 승인기관의 장이 부득이하다고 인정하는 경우

제13조(둘 이상의 승인)

하나의 수출 또는 수입에 대하여 둘 이상의 승인을 받아야 하는 경우 각각의 승인은 상호 독립적으로 받아야 한다. 이 경우 두 번째 이후의 승인기관의 장은 수출입승인서상의 여백에 승인 사항을 표시한다.

제14조 삭제

제2절 수출입승인 사항의 변경

제15조(수출입승인 변경승인)

수출입승인 사항의 변경은 당초 승인한 기관의 장이 승인한다.

제16조(수출입승인 변경신고)

다음 각 호의 어느 하나에 해당하는 사항에 대하여는 당초 승인한 기관의 장에게 변경신고를 하여야 한다.
1. 원산지
2. 도착항(다만, 수출의 경우에만 해당한다)
3. 규격
4. 수출입 물품등의 용도(다만, 수출입승인 용도가 지정된 경우에만 해당한다)
5. 승인 조건

제17조(수출입승인 사항의 변경승인 신청 등)

① 수출·수입승인 사항을 변경하려는 자는 당초 승인을 받은 수출입승인서 또는 별지 제9호 서식에 의한 수출입승인 사항 변경하는 변경승인·신고신청서에 당초 신청시에 첨부하였던 변경 사실을 증명하는 서류를 첨부하여 수출입승인기관의 장에게 신청하여야 한다.
② 수출·수입승인 사항의 변경은 수출입승인의 유효기간 내에 신청하여야 한다. 다만, 수입의 경우로서 수입대금을 지급하고 선적서류를 인수한 후에 수출입 사항을 변경하려는 경우에는 수출입승인의 유효기간 경과 후에도 변경하여도 변경신고·신고를 신청할 수 있다.
③ 제2항 단서에 따라 승인기관의 장이 변경승인·신고수리한 때에는 그 변경승인·신고사실을 해당 세관장에게 알려야 한다.
④ 영 제18조제3항에 따른 당사자의 변경으로 파산신 등 불가피한 경우에 신청한 것일 것

제18조(수출입승인사항의 변경승인 등)

① 수출입승인 사항의 변경승인기관의 장은 수출입승인기관에서 사항을 변경하려는 경우에는 다음 각 호의 요건에 해당한지를 확인하여야 한다.
1. 수출·수입승인을 받은 후에 수출입공고에서 수출·수입을 제한하는 사항이 추가된 품목으로서 관계 기관의 장의 허가 등을 요하는 품목일 때에는 그 허가 등을 받았을 것
2. 수출 물품등의 단가를 인하하거나 수입 물품등의 단가를 인상하는 내용이 수출 또는 수입승인 사항의 변경은 다음 각 목의 어느 하나에 해당하는 경우일 것

가. 거래상대방의 파산 또는 지급거절 등이 현지의 거래은행, 상공회의소 또는 공공기관에 의하여 객관적으로 확인되는 경우에 수출 물품등을 제3자에게 전매하는 경우
나. 물품등의 성질과 국제거래관행상 승인 시점에 단가를 확정할 수 없는 경우
다. 그 밖에 급격한 시장상황의 변화 등 변경 사유가 불가피하다고 인정되는 경우

3. 변경하려는 내용이 수출입신용장, 수출입계약서, 주문서, 물품등매도확약서 등에 명시되어 있을 것. 다만, 수출신용장 등에 명시한 사항이 아니라는 경우에는 그러하지 아니하다.
4. 수출대상국가의 사항의 수출제한 사유 등을 고려할 때 타국으로 변경하여도 지장이 없을 것

② 수출입승인 사항의 변경승인기관의 장은 제17조에 따라 수출·수입승인 사항에 관하여 변경신고가 있는 경우 이를 확인한 후 신고를 수리하여야 한다.

: 제3절 수출입승인 면제

제19조(수출입의 승인 면제)
영 제19조제1호 및 제2호에 따라 수출·수입의 승인이 면제되는 수출·수입의 범위는 별표 3 및 별표 4와 같다.

제20조(그 밖에 외국환거래가 수반되지 아니하는 물품등의 수입)
영 제19조제3호에 따라 수입할 수 있는 물품은 그 반입의 목적, 사유 등에 의하여 세관장이 타당하다고 인정하는 물품등을 말한다. 이 경우 세관장은 과세가격이 500만원을 초과하는 수입에 대하여 수입승인서의 제출을 요구할 수 있다.

: 제4절 특정거래 형태의 수출입인정

제21조(특정 거래 형태의 범위)
영 제20조제1항의 특정거래 형태의 수출입은 제2조 제4호부터 제14호까지의 규정에 해당하는 거래를 말한다.

제22조 삭제

제23조 삭제

제5절 무역업고유번호

제24조(무역업고유번호의 신청 및 부여)

① 산업통상자원부장관은 영 제21조 및 제22조에 따른 전산관리체계의 개발·운영을 위하여 무역거래자별 무역업고유번호를 부여할 수 있다.

② 영 제21조 및 제1항에 따른 무역업고유번호를 부여받으려는 자는 별지 제1호 서식에 의하여 우편, 팩시밀리, 전자우편, 전자문서교환체제(EDI) 등의 방법으로 한국무역협회장에게 신청하여야 하며, 한국무역협회장은 접수 즉시 무역업고유번호를 부여하여야 한다.

③ 제2항에 따라 무역업고유번호를 부여받은 자가 상호, 대표자, 주소, 전화번호 등의 변동사항이 발생한 경우에는 별지 제2호의 서식에 의한 무역업고유번호신청사항 변경통보서에 따라 변동사항이 발생한 날부터 20일 이내에 한국무역협회장에게 알리거나 한국무역협회에서 운영하고 있는 무역업 데이터베이스에 변동사항을 수정입력하여야 한다.

④ 제2항에 따라 무역업고유번호를 부여받은 자가 합병, 상속, 영업의 양수도 등 지위의 변동이 발생하여 기존의 무역업고유번호를 유지 또는 수출입실적 등의 승계를 받으려는 경우에는 변동사항에 대한 증빙서류를 갖추어 무역업고유번호를 승계 등을 한국무역협회장에게 신청할 수 있다.

⑤ 한국무역협회장은 제2항부터 제4항까지의 규정에 따른 무역업고유번호의 부여 및 변경사항을 확인하고 무역업고유번호관리대장 또는 무역업 데이터베이스에 이를 기록 및 관리하여야 한다.

⑥ 무역거래자는 「관세법」 제241조에 따른 수출(입)신고시 제1항에 따른 무역업고유번호를 수출(입)자와 상호명과 함께 기재하여야 한다.

제6절 수출·수입실적

제25조(수출·수입실적의 인정범위)

① 수출실적의 인정범위는 다음 각 호로 한다.
1. 영 제2조제3호에 따른 수출 중 유상으로 거래되는 수출(대북한 유상반출실적을 포함한다)
2. 영 제19조제2호에 따른 승인이 면제되는 수출 중 다음 각 목의 어느 하나에 해당하는 수출
   가. 별표 3의 제2호나목에 해당하는 물품등의 수출로서 현지에서 매각되는 것
   나. 별표 3의 제2호아목에서 해당하는 물품등의 수출 중 해외건설공사에 직접 공하여지는 원료·기재, 공사용 장비 또는 기계류의 수출(수출신고필증상에 재반입하지 않는다는 조건이 명시된 분만 해당한다)
3. 수출자 또는 수출물품등의 제조업자에 대한 외화획득용 원료 또는 물품등의 공급 중 수출에 공하여지는 것으로 다음 각 목의 어느 하나에 해당하는 경우
   가. 내국신용장(Local L/C)에 의한 공급
   나. 구매확인서에 의한 공급
   다. 산업통상자원부장관이 지정하는 생산자의 수출물품 포장용 물품등을 공급(공급되는 물품등이 수출된 경우에 한함)하는 경우
4. 외국인으로부터 대금을 영수하고 외화획득용 시설기재를 외국인과 임대차계약을 맺은 국내업체에 인도하는 경우
5. 외국인으로부터 대금을 영수하고 자유무역지역의 지정 및 운영에 관한 법률 제2조에 따른 자유무역지역으로 반입신고한 물품등을 공급하는 경우
6. 외국인으로부터 대금을 영수하고 그가 지정하는 자가 국내에 있음으로써 물품등을 외국으로 수출할 수 없는 경우에는 관세법 제154조에 따른 보세구역으로 물품등을 공급하는 경우
7. 외화를 받고 외항선박에 선박용품 등 관리에 관한 고시에 따른 내국선박용품을 공급하는 경우

② 수입실적의 인정범위는 영 제2조제4호에 따른 수입 중 유상으로 거래되는 수입으로 한다.

제26조(수출·수입실적의 인정금액)

① 제25조제1항 및 제2호에 따른 수출실적 인정금액은 다음 각 호의 경우를 제외하고는 수출통관액(FOB가격 기준)으로 한다.
1. 중계무역에 의한 수출의 경우에는 수출금액(FOB가격)에서 수입금액(CIF가격)을 공제한 가득액

2. 외국인도수출의 경우에는 외국환은행이 임금액(다만, 위탁가공된 물품을 외국에 판매하는 경우에는 판매액에서 원자재 수출금액 및 가공임을 공제한 가득액)
3. 제25조제1항제2호가목의 수출의 경우에는 수출현지금융사용분은 외국환은행의 입금액
4. 원양어로에 의한 수출의 경우에는 수출현지경비사용분은 외국환은행의 확인액
5. 용역 수출의 경우에는 제30조에 따라 용역의 수출·수입실적의 확인 및 증명발급기관의 장이 외국환은행을 통해 입금확인한 금액
6. 전자적 형태의 무체물 수출의 경우에는 제30조에 따라 한국무역협회장 또는 한국 소프트웨어산업협회장이 외국환은행을 통해 입금확인한 금액

② 제25조제1항제3호에 따른 수출실적의 인정금액은 외국환은행의 결제액 또는 확인액으로 한다.
③ 제25조제1항제4호부터 제6호에 따른 수출실적의 인정금액은 외국환은행의 입금액으로 한다.
④ 제25조제1항제7호에 따른 수출실적의 인정금액은 수출통관액(FOB가격 기준)으로 한다.
⑤ 제25조제2항에 용역 또는 전자적 형태의 무체물 수출실적의 인정금액은 외국인수수입과 외국인도수출의 경우에는 외국환은행의 지급액으로 한다.

제27조(수출·수입실적의 인정시점)

① 제25조제1항제1호 및 제2호에 따른 수출실적의 인정시점은 수출신고수리일로 한다. 다만, 제25조제1항제1호의 중계무역, 제25조제1항제2호 가목의 수출, 중계무역, 외국인도수출, 제25조제1항제6호 내지 제6호의 경우에는 입금일로 한다.
② 제25조제1항제3호에 따른 수출실적의 인정시점은 다음 각 호로 한다.
1. 외국환은행을 통하여 대금을 결제한 경우에는 결제일
2. 외국환은행을 통하여 대금을 결제하지 아니한 경우에는 당사자간의 대금 결제일
③ 제25조제1항제7호에 따른 수출실적의 인정시점은 선박용품 등 관리에 관한 고시에 의거 적재허가서에 기재된 허가일자로 한다.
④ 제25조제2항에 따른 수출실적의 인정시점은 전자적 형태의 무체물의 수입의 경우에는 용역 또는 전자적 형태의 무체물의 수입의 경우에도 준용한다.

제28조(수출·수입실적의 확인 및 증명발급기관)

① 수출·수입 실적의 확인 및 증명발급기관은 다음 각 호로 한다.

1. 제26조제1항제1호부터 제5호까지, 제2항 중 제25조제1항제1호다목, 제3항 중 제25조제1항제3호나목, 제2항 중 제25조제1항제5호 및 제6호, 제26조제1항제4호 및 제5호 단서의 물품등의 외국인수수입의 경우에는 외국환은행의 장 및 증명발급기관은 한국무역협회장
1-1. 제26조제3항 중 제25조제1항제3호 가목의 수출의 경우에는 수출실적 인정금액의 확인 및 증명발급기관은 외국환은행의 장 또는 한국무역협회장
1-2. 제26조제2항 중 제25조제1항제3호 가목의 수출이나 제3호 가목의 나무의 수출·수입의 확인 및 증명발급기관은 외국환은행의 장 또는 한국무역협회장(다만, 전자무역기반사업자가 중계무역방식에 의한 공급 당사자간에 대금을 결제한 경우에는 그 구매확인서의 발급기관)에 당사자간에 대금 결제가 이루어졌음을 증명하는 서류를 확인하여야 한다.
2. 제26조제1항제6호 및 제4항 단서 중 용역의 수출의 경우에는 제30조제1항에 따른 기관의 장
3. 제26조제1항제6호 및 제4항 단서 중 전자적 형태의 무체물의 수출의 경우에는 제30조제2항에 따른 기관의 장
4. 제1호 내지 제3호 이외의 경우에는 한국무역협회장 또는 산업통상자원부장관이 지정하는 기관의 장

② 제1항제2호에 따른 수출·수입실적의 확인 및 증명 발급기관으로 지정받으려는 자는 증명시 발급에 필요한 인력 및 시설 등을 갖추고 있음을 입증할 수 있는 서류를 첨부하여 산업통상자원부장관에게 신청하여야 한다.
③ 산업통상자원부장관은 제2항에 따른 신청을 받은 경우 필요한 인력 및 시설 등을 갖추고 있는지를 확인하여 수출·수입실적의 확인 및 증명 발급기관으로 지정하여야 한다.

제29조(물품등의 수출·수입실적 확인 및 증명 신청)

① 물품등의 수출·수입실적 확인 및 증명 발급을 받으려는 자는 별지 제10호 서식 또는 별지 제11호 서식에 의한 수출·수입실적 증명발급 신청서에 필요한 서류를 첨부하여 발급기관에 신청하여야 한다.
② 발급기관은 수출·수입실적 확인 및 증명서를 발급한 때에는 발급대장을 각각 비치하고 발급상황을 기록하여야 한다.

제30조(용역 또는 전자적 형태의 무체물의 수출·수입실적 확인 및 증명 신청)

① 영 제23조에 따른 용역의 수출의 사실의 확인 및 실적증명 발급을 받으려는 자는 제24호 서식에 의한 수출·수입실적의 확인 및 증명발급 신청서에 해당하는 발급기관의 장에게 신청하는 거래 사실을 증명할 수 있는 서류를 첨부하여 다음 각 호의 어느 하나에 해당하는 발급기관에 신청한다. 이 경우 발급기관의 장은 수출·수입 사실의 확인이 가능하다고 인정하는 자에게 허가하지 아니할 수 없다.

인정하는 경우에만 별지 제25호 서식에 의한 수출·수입실적의 확인 및 증명서를 발급하여야 한다.
1. 한국무역협회장
2. 한국해운협회장(해운업의 경우만 해당한다)
3. 한국관광협회중앙회장 및 문화체육관광부장관이 지정하는 업종별 관광협회장(관광사업의 경우만 해당한다)

② 영 제23조에 따른 전자적 형태의 무체물의 수출·수입 사실의 확인 및 실적증명 발급을 받으려는 자는 별지 제26호 서식에 의한 수출·수입실적의 확인 및 증명발급 신청서에 거래 사실을 증명할 수 있는 서류를 첨부하여 한국무역협회장 또는 한국소프트웨어산업협회장에게 신청하여야 한다. 이 경우 한국무역협회장 또는 한국소프트웨어산업협회장은 수출·수입 사실의 확인이 가능하고 신청 사실에 하자가 없다고 인정하는 경우에만 별지 제27호 서식에 의한 수출·수입실적의 확인 및 증명서를 발급하여야 한다.

③ 제1항 및 제2항에 따른 수출·수입실적의 확인 및 증명 발급기관의 장은 신청인에게 수출·수입실적의 확인 및 증명서의 발급심사를 위하여 필요한 자료의 제출을 요구할 수 있다.

④ 제1항 및 제2항에 따른 수출·수입실적의 확인 및 증명 발급기관의 장은 수출·수입실적의 확인 및 증명서의 발급현황 등에 관한 매분기 실적을 다음달 20일까지 산업통상자원부장관과 관세청장에게 보고하여야 한다.

제3장 외화획득용 원료·기재의 수입

: 제1절 외화획득의 범위

제31조(외화획득의 범위)

영 제26조제1항제5호에 따른 "신업통상자원부장관이 정하여 고시하는 기준에 해당하는 것"이란 다음 각 호의 어느 하나에 해당하는 거래를 말한다.

1. 외국인으로부터 외화를 받고 국내의 보세지역에 물품등을 공급하는 경우
2. 외국인으로부터 외화를 받고 공장건설에 필요한 물품등을 국내에서 공급하는 경우
3. 외국인으로부터 외화를 받고 외화획득용 시설·기재를 외국인과 임대차계약을 맺은 국내업체에 인도하는 경우
4. 정부·지방자치단체 또는 정부투자기관이 외국으로부터 받은 차관자금에 의한 국제경쟁입찰에 의하여 국내에서 유상으로 물품등을 공급하는 경우(대금 결제통화의 종류를 불문한다)
5. 외화를 받고 외항선박(항공기)에 선(기)용품을 공급하거나 급유하는 경우
6. 절충교역거래(off set)의 보완거래로서 외원거래도서 외국수입자로부터 외화를 받고 국내에서 제조된 물품등을 국가기관에 공급하는 경우

: 제2절 외화획득용 원료의 수입

제32조(외화획득용 원료의 범위)

법 제16조제2항에 따른 외화획득용 원료의 범위는 다음 각 호로 한다.

1. 제25조에 따라 수출실적으로 인정되는 수출 물품등을 생산하는 데에 소요되는 원료(포장재, 1회용 파렛트를 포함한다)
2. 외화가득율(외화획득액에서 외화획득용 원료의 수입금액을 공제한 금액이 외화획득액에서 차지하는 비율을 말한다)이 30퍼센트 이상인 군납용 물품등을 생산하는 데에 소요되는 원료
3. 해외에서의 건설 및 용역사업용 원료
4. 제31조 각 호에 따른 외화획득용 물품등을 생산하는 데에 소요되는 원료
5. 제1호부터 제4호까지의 규정에 따른 원료로 생산되어 외화획득이 완료된 물품등의 하자 및 유지보수용 원료

제33조(외화획득용 원료의 수입승인)

① 영 제91조제7항에 따라 외화획득용 원료의 수입승인에 관한 권한을 위임·위탁받은 기관·단체(이하 "외화획득용 원료의 수입승인기관"이라 한다)의 장은 제32조에 따른 외화획득용 원료의 수입에 대하여는 영 제24조제1항에 따라 수량제한을 받지 아니하고 승인할 수 있다. 다만, 영 제24조제2항에 따라 농림수산물의 경우에는 제34조에 따라 수입승인하여야 한다.
② 외화획득용 원료의 승인기관의 장은 유통업자가 구매확인서 또는 내국신용장을 근거로 수출품생산자에게 직접 공급하기 위하여 외화획득용 원료를 수입하는 경우에는 제1항의 규정을 준용하여 그 수입을 승인할 수 있다.

제34조(농림수산물)

농림수산물 중 해당 품목을 관장하는 중앙행정기관의 장 또는 그 중앙행정기관의 장이 지정하는 기관의 장이 영 제24조제2항에 따라 정하는 품목은 해당 기관의 장이 정하는 수입승인요령에 따라 승인을 받아서 수입하여야 한다.

제35조(의화학독용 원료 수입승인신 확인 등)

의화학독용 원료의 승인기관의 장은 의화학독용 원료의 수입승인을 할 때에는 별지 제12호 서식에 의한 의화학독용 원료 수입승인신청서에 다음 각 호의 사항 등 기재사항이 적정한지를 확인하여야 한다.

1. 의화학독 이행의무자의 사후 관리계획(수입대행의 경우에는 실수요자의 사후 관리계획)
2. 제33조제1항에 따른 수입승인 여부

제36조(구매확인서의 신청서류)

① 영 제31조제1항제1호 및 제2호에 규정한 서류는 구매확인서를 발급받으려는 자가 별지 제13호 서식에 의한 의화학독용 원료·기재의 구매확인신청서(이하 "구매확인신청서"라 한다)를 「전자무역 촉진에 관한 법률」제12조에서 정하는 전자무역은행의 장 또는 전자무역기반사업자에게 제출하는 경우 첨부할 것으로 보다.

② 영 제31조제1항제3호에 규정한 "의화학독용 원료·기재라는 사실을 증명하는 서류"란 다음 각 호의 어느 하나를 말한다.

1. 수출신용장
2. 수출계약서(품목·수량·가격 등에 합의하여 서명한 수출계약서)
3. 외화매입(예치)증명서(외화획득 이행 관련 대금임이 관련 서류에 의해 확인되는 경우만 해당한다)
4. 내국신용장
5. 구매확인서
6. 수출신고필증(외화획득용 원료·기재를 구매한 자가 신청한 경우에만 해당한다)
7. 영 제26조 각 호의 따른 의화학독에 제공되는 물품등을 생산하기 위한 경우임을 입증할 수 있는 서류

제37조(구매확인서의 발급신청 등)

① 영 제31조에 따라 국내에서 의화학독용 원료·기재를 구매하려는 자 또는 구매한 자는 외국환은행의 장 또는 전자무역기반사업자에게 구매확인서의 발급을 신청할 수 있다.

② 구매확인서를 발급받은 자는 구매확인신청서를 전자무역문서로 작성하여 외국환은행의 장 또는 전자무역기반사업자에게 제출하는 바에 따른 전자무역문서로 작성하여 외국환은행의 장 또는 전자무역기반사업자에게 제출하여야 하고, 제36조제2항 각 호의 어느 하나에 해당하는 서류를 첨부하여야 한다.

③ 외국환은행의 장 또는 전자무역기반사업자는 별지 제13-1호 서식에 의한 의화학독용 원료·기재구매확인서를 발급하고 신청한 자에게 발급사실을 알릴 때에는 별지 제12호 승인번호, 개설 및 통지일자, 발신기관 전자서명 등 최소한의 사항만을 사용하여 알릴 수 있다.

④ 외국환은행의 장 또는 전자무역기반사업자는 제1항에 따라 의화학독용 원료·기재의 2차 구매확인서를 발급할 수 있으며 의화학독용 원료·기재의 가공·유통(완제품의 유통을 포함한다)과정이 여러 단계인 경우에는 각 단계별로 순차로 발급할 수 있다.

⑤ 구매확인서를 발급한 후 신청 첨부서류의 외화획득용 원료·기재의 내용 변경 등으로 이미 발급받은 구매확인서의 내용과 상이하여 재발급을 요청하는 경우에는 새로운 구매확인서를 발급할 수 있다.

⑥ 영 제31조제2항에 규정한 "외화획득용 구매확인서 발급 신청인으로부터 제36조제2항 각 호의 어느 하나에 해당하는 서류를 확인하는 것을 말한다.

제38조(발급신청 대행)

구매확인서를 발급받으려는 자가 전산설비를 갖추지 못하였거나 기타 부득이한 사유로 전자문서를 작성하지 못하는 때에는 전자무역기반사업자에게 위탁하여 신청할 수 있다.

제39조(외화획득의 이행기간)

① 외화획득 이행의무자는 외화획득용 원료의 수입신고수리일, 용역 또는 전자적 형태의 무체물의 공급일, 수입된 의화획득용 원료 또는 해당 원료로 제조된 물품 등(이하 "원료등"이라 한다)의 구매일 또는 양수일부터 다음 각 호의 기간이 경과한 날까지 외화획득의 이행을 하여야 한다.

1. 외화획득 행위의 경우에는 2년
2. 국내공급(양도를 포함한다)인 경우에는 1년
3. 외화획득 물품의 선적기일이 2년 이상인 경우에는 그 기일까지의 기간
4. 수출이 완료된 기재류(HS 84류부터 90류까지의 규정에 해당하는 품목의 하자 및 유지보수용 원료등의 경우에는 10년

② 영 제27조제2항에 따라 외화획득의 이행기간을 연장하려는 자는 그 기간 종료일 전에 별지 제14호 서식에 의한 외화획득 이행기간 연장신청서 3부를 각 시·도지사(이하 제3항 및 제4항에서는 각 시·도지사 또는 특별자치도지사(이하 제1부를 첨부하여 특별시장·광역시장·도지사 또는 특별자치도지사(이하 "시·도지사"라 한다)에게 신청하여야 한다.

③ 시·도지사는 다음 각 호의 어느 하나에 해당하는 경우 1년의 범위 내에서 외화획득 이행기간을 연장할 수 있다.
　1. 생산에 장기간이 소요되는 경우
　2. 제품생산을 위탁한 경우 그 공장의 도산 등으로 인하여 제품 생산이 지연되는 경우
　3. 외화획득 이행의무자의 책임이 있는 사유가 아닌 사유로서 수출 제약이나 보세에 취소된 경우
　4. 외화획득이 완료된 물품 등의 하자보수용 원료 등으로서 장기간 보관이 불가피한 경우
　5. 그 밖에 부득이한 사유로 외화획득 이행기간 내에 외화획득 이행이 불가능하다고 인정되는 경우

④ 시·도지사가 외화획득 이행기간 연장을 승인한 때에는 그 사실을 신청자와 영 제41조제7항에 따라 외화획득용 원료 등의 수입에 대한 영 제28조에 따른 사후 관리에 관한 권한을 위임받은 기관(이하 "외화획득용 원료 등의 사후 관리기관"이라 한다)의 장에게 알려야 한다.

제40조(농림수산물의 외화획득 이행기간 등)

영 제39조에도 불구하고 제34조에 따른 수입승인을 받은 농림수산물의 외화획득 이행기간 및 그 연장에 대하여는 제34조에 따른 승인행정기관의 장이 정한다.

제41조(원료 등의 사후 관리 대상)

제42조에 따른 사후 관리기관의 장은 영 제24조에 따른 원료 등에 대하여 사후 관리를 하여야 한다. 다만, 다음 각 호의 어느 하나에 해당하는 경우에는 사후 관리를 하지 아니할 수 있다.
　1. 영 제29조제1호부터 제3호까지의 규정에 해당하는 경우
　2. 영 제29조제4호에 따라 신용통상자원부장관이 사후 관리를 할 필요성이 없어진 것으로 인정하는 다음 각 목의 어느 하나에 해당하는 경우
　　가. 수입승인을 받아 수입한 품목의 수입승인 대상에서 제외되는 원료 등
　　나. 외화획득의 이행을 위하여 보세공장 및 자유무역지역에 반입되는 원료 등

제42조(원료 등의 사후 관리기관)

외화획득용 원료 등의 사후 관리기관은 다음 각 호로 한다.
　1. 외화획득용 원료 등 제34조에 따라 승인을 받도록 정한 품목에 대한 사후 관리는 해당 품목을 관장하는 중앙행정기관의 장 또는 중앙행정기관의 장이 지정하는 기관의 장
　2. 제1호에 따른 원료 등을 제외한 원료 등의 사후 관리는 해당 외화획득 승인기관의 장
　3. 제2항에 따른 원료 등은 제43조에 따라 자율관리기업으로 선정된 자가 수입(국내구매를 포함한다)한 원료 등의 사후 관리는 해당 자율관리기업의 장

제43조(자율관리기업)

① 영 제28조제2항에 따라 자율적으로 사후 관리를 할 수 있는 기업인 선정 요건은 다음과 같다.
　1. 전년도 수출실적이 미화 50만 달러 상당액 이상인 업체, 수출 유공으로 포상(훈장 및 대통령표창을 말한다. 이하 같다)을 받은 업체(84년도 이후 포상받은 업체만 해당한다)또는 중견수출기업
　2. 과거 2년간 미화 5천 달러 상당액 이상 국가기술표준원장이 지는 다음 각 호의 서류를 첨부하여 국가기술 표준원장에게 신청하여야 한다.
　　1. 수출실적증명서
　　2. 외화획득용 원료의 승인기관의 장이 외화획득이행 성실이행확인서(제1항제2호의 사실이 있는 경우에 한한다)
　　3. 자율관리규정
　　4. 원료 등을 용도 외에 사용하지 아니할 것임을 약속하는 각서

④ 제3항에 따라 국가기술표준원장이 자율관리기업을 선정한 때에는 산업통상자원부장관, 세관장에게 그 사실을 알려야 한다.

⑤ 자율관리기업으로 선정받고자 하는 자율관리규정에 따라 사후 관리를 하여야 한다.

⑥ 자율관리기업은 매년가지 자의 실적을 다음 달 10일까지 제28호 서식에 의한 대응 외화획득 이행내역을 국가기술표준원장에게 보고하여야 한다.

⑦ 국가기술표준원장은 자율관리기업으로 선정받은 자가 다음 각 호의 어느 하나에 해당하는 경우에는 그 선정을 취소할 수 있다. 이때 취소된 기업은 취소된 날부터 3년 이내에는 재신청할 수 없다.
　1. 원료 등을 타당사에 공급하거나 공급이행내역을 알리지 아니하거나 승인 없이 양수할 때
　2. 사용목적 이외의 용도에 사용하거나 양도 또는 양수한 때
　3. 파산등으로 사후 관리가 불가능할 때
　3. 밤 또는 법에 의한 명령이나 처분을 위반한 때

제44조(사후 관리 대상 원료의 분류 등)

원료 등의 사후 관리는 다음 각 호의 이행의무로 이행하는 외화획득 이행의무자별로 이행의무자별 그리고 외화획득 이행의무 이행한 충종을 대상으로 한다.
　1. 품목분류번호(HS 10단위)별로 보기마다 수입 및 구매한 충종을 대상으로 한다.
　2. 품목분류번호(HS 10단위)가 다르더라도 원료 등의 성상상 같은 품목이거나 유사한 품목은 품목단위별로 보기마다 수입 및 구매한 충종을 대상으로 관리한다.

2. 위료 및 가방 등의 부제료로 사용되는 지퍼는 품목분류번호(HS 10단위)별로 분기마다 수입 및 구매한 양의 총량으로 관리한다.

제45조(의화획득용 원료등의 구매내역 신고)

제41조에 따른 사후 관리대상 품목을 구매하려는 자는 분기 중에 구매한 원료등의 전월내역을 매 분기 종료 후 다음 달 20일까지 의화획득용 원료등의 사후 관리기관의 장에게 별지 제15호 서식에 의한 의화획득용 원료등 구매내역신고서에 제44조에 따라 품목분류번호에 별지 제29호 서식에 의한 의화획득용 원료 관리카드의 장에게 작성하여 분기종료 후 다음 달 20일까지 의화획득용 원료 관리기관의 장에게 신고하여야 한다.

제46조(사후 관리 카드정리)

① 의화획득용 원료 사후 관리기관의 장은 제45조에 따른 구매내역신고서 및 제48조에 따라 공급이행신고서를 수급하여 별지 제29호 서식에 의한 의화획득 이행의무자별로 수입신고수리일 또는 원료등의 구매일 순으로 관리하여야 한다.

② 의화획득용 원료 사후 관리기관의 장은 제33조에 따라 수입승인된 원료등과 제1항에 따라 신고된 원료등에 대하여 품목분류번호(HS 10단위)별로 분기마다 수입 또는 구매한 총량과 금액 그에 등을 별지 제29호 서식에 의한 의화획득용 원료 사후관리이행 정리카드에 기재하여야 한다.

제47조(의화획득 이행신고)

① 수입제한품목을 수입한 의화획득 이행의무자는 의화획득을 이행하고 별지 제16호 서식에 의한 의화획득용 원료등의 사후 관리기관의 장에게 다음의 서류를 첨부하여 수출선적일 또는 의화임금일부터 3개월 이내에 의화획득용 원료등의 사후 관리기관의 장에게 신고하여야 한다.

1. 수출신고필증(또는 의화임금증명서) 원본
2. 자율소요량계산서

② 의화획득 이행신고서와 수출신고필증의 명의가 상이한 경우에는 내국신용장, 구매확인서, 수출대행계약서 또는 물품등구매계약서 등 거래관계를 입증하는 구매확인서를 제출하여야 한다.

③ 의화획득용 원료의 사후 관리기관의 장은 제1항에 따른 신고가 있을 때에는 지체 없이 사후 관리이행신고서에 표시된 원료등의 양을 별지 제29호 서식에 의한 수출신고필증 원본(또는 의화획득 이행이행신고서의 정리카드에 차감하여 해당 의화획득용 원료 사후 관리 사실을 뒷면에 표시한 후 의화임금증명서 원본에는 다음 각 호의 어느 하나에 해당하는 것으로 한다.

제48조(공급이행 신고)

① 영 제28조에 따른 사후 관리 대상 품목을 일본으로 공급한 자는 별지 제17호 서식에 의한 의화획득용 원료공급이행신고서 3부(공급자 외회획득용 및 인수자용)에 인수자의 납이 또는 물품수령증을 받아 다음의 서류를 첨부하여 공급일부터 3월 이내에 의화획득용 원료의 사후 관리기관의 장에게 의화획득용 원료의 사후 관리를 하여야 한다. 다만, 공급자가 유통업자인 경우에는 제2호의 서류를 면제한다.

1. 내국신용장 또는 구매확인서
2. 자율소요량계산서

② 제1항에 따른 공급자 외회획득 이행의 사후 관리기관의 장은 제47조제3항에 준하여 표시하여야 한다. 공급이행정리하고 내국신용장 등의 원본서류 뒷면에 사후 관리 사실을 표시하여야 한다.

③ 공급자 외회획득용 원료의 사후 관리기관의 장은 제1항에 따른 외회획득용 원료 공급이행 신고받은 공급이행을 인한 후 1부는 인수자 외회획득용 원료 관리기관의 장, 1부는 인수자에게 보내야 한다.

④ 원료등을 보세공장에 반입한 자는 세관장이 발행한 반입확인서를 첨부하여 의화획득용 원료의 사후 관리기관의 장에게 제출하여야 하며, 반입확인서를 외회획득용 원료의 사후 관리기관의 장은 제47조제3항에 준하여 공급이행정리를 하여야 한다.

⑤ 사후관리기업이 외회획득 대상 기업에 공급한 원료등을 공급한 경우에는 공급이행신고서 2부를 작성, 공급일부터 3월 이내에 1부는 인수자 외회획득용 원료의 사후 관리기관에게, 1부는 인수자에게 통보하여야 한다. 다만, 자율관리기업에 공급하는 경우에는 인수자에게만 알린다.

제49조(사용목적 변경승인)

① 영 제30조제1항에 따라 의화획득용 원료등의 사용목적 변경승인을 받으려는 자는 별지 제18호 서식에 의한 의화획득용원료 사용목적 변경승인 신청서 4부에 다음 각 호의 서류를 첨부하여 의화획득 이행기간의 만기일 이전에 관할 시ㆍ도지사 또는 제42조제1항에 따른 기관의 장에게 신청을 하여야 한다.

1. 사용목적 변경신청사유서
2. 변경하려는 물량을 확인할 수 있는 서류
3. 변경신청하려는 사유를 인정할 수 있는 서류
4. 그 밖에 사용목적 변경승인기관의 장이 필요하다고 인정하는 서류

② 영 제30조제2항제4호에서 "그 밖에 산업통상자원부장관이 불가항력으로 외회획득의 이행을 할 수 없다고 인정한 경우"란 다음 각 호의 어느 하나에 해당하는 것으로 한다.

1. 화재나 천재지변으로 인하여 외화획득 이행이 불가능하게 된 경우
2. 기술혁신이나 유행의 경과로 새로운 제품이 개발되어 수입된 원료등으로는 외화획득 이행물품등의 생산에 사용할 수 없는 경우
3. 수입된 원료가 형질이 변화되어 외화획득 이행물품의 생산에 사용할 수 없게 되는 경우
4. 그 밖에 수입 또는 구매한 자에게 책임을 돌릴 사유가 없이 외화획득 이행할 수 없는 경우로서 사용목적 변경승인기관의 장이 인정하는 경우
③ 제1항에 따른 사용목적 변경승인을 한 기관의 장은 승인서를 외화획득용 원료의 사후 관리기관의 장, 신청자의 관할세무서장에게 각각 알려야 한다.

제50조(양도승인)

① 영 제34조제4항에 따라 외화획득용 원료등에 대한 양도·양수의 승인을 받으려는 자는 별지 제19호 서식에 의한 양수인의 외화획득용 원료등 양도승인 신청서 3부에 다음 각 호의 서류를 첨부하여 양도인 또는 양수인의 외화획득용 원료의 사후 관리기관의 장 또는 제42조제1호에 따른 기관의 장에게 신청하여야 한다.
 1. 양수·도계약서
 2. 수입신고필증 또는 기준제품 납세증명서
② 자율관리기업이 다른 자율관리기업에 양도하려는 경우에는 양도인의 외화획득용 원료의 사후 관리기관의 장에게 신청하여야 한다.
③ 양도인 및 양수인의 외화획득용 원료의 사후 관리기관의 장은 승인한 원료 등을 제48조에 준하여 처리하여야 한다.

제51조(지도감독)

국가기술표준원장은 시·도지사, 외화획득용 원료의 사후 관리기관의 장 및 자율관리기업이 장에 대하여 다음 각 호의 지도 감독을 하여야 한다.
 1. 사후관리담당자의 교육
 2. 사후관리대장 정리실태
 3. 공급이행신고서 통보실태
 4. 미이행 보고실태
 5. 그 밖에 체규정 이행실태

제52조(보고)

① 외화획득용 원료의 사후 관리기관의 장은 원료등을 수입 또는 구매한 후 외화획득 이행만기일까지 외화획득을 미이행한 자에 대하여 그 내역을 별지 제30호 서식에 따라 해당 만기일 경과 후 20일까지 미이행자에게 알려야 한다.
② 제1항에 따라 외화획득 미이행통지를 받은 날부터 30일 이내에 외화획득 이행실적이 없는 경우 외화획득용 원료의 사후 관리기관의 장은 그 내역을 별지 제30호 서식에 따라 국가기술표준원장에게 보고하여야 한다. 다만, 제34조에 따라 수입승인된 물품은 해당 중앙행정기관의 장에게 보고하여야 한다.
③ 외화획득용 원료의 사후 관리기관의 장은 제2항에 따른 정기보고 이외에 사후 관리 대상 업체의 도산 등으로 사후 관리가 불가능하다고 판단되는 경우에는 즉시 국가기술표준원장에게 보고하여야 한다. 다만, 제34조에 따른 물품의 보고는 제2항의 단서와 같다.

제53조(제재)

① 중앙행정기관의 장(제34조의 미이행자)은 원료등을 제외한 원료 국가기술표준원장은 제52조에 따라 보고된 외화획득 미이행자에 대하여 법 제54조제2호부터 제5호까지의 규정에 따른 제재에 필요한 조치를 하여야 한다.
② 국가기술표준원장은 영 제29조제1호, 제2호 및 제4호의 경우에는 사후 관리를 자동 면제하며, 영 제29조제3호에 해당하는 경우에는 제재심사위원회의 심의를 거쳐 사후 관리를 면제할 수 있다.
③ 제2항에 따른 제재심사위원회의 구성 및 운영 등 필요한 사항은 국가기술표준원장이 정한다.

제3절 자율소요량계산서

제54조(기준 소요량 책정방법)

① 기준 소요량은 다음 각 호의 어느 하나의 방법에 따라 책정하되 「부가가치세법 시행령」 제69조제1항, 「소득세법 시행령」 제144조제1항 및 「법인세법 시행령」 제105조제1항에 따른 생산수율을 감안하여 책정할 수 있다.

1. 현장조사
2. 문헌조사
3. 실물 및 카다로그조사
4. 신청자 제시자료에 의한 조사
5. 유사품의 소요량 적용

② 기준 소요량을 책정할 때에는 다음 사항 중 필요한 최소한의 사항만을 조사하여야 한다.

1. 제조공정 및 공정도
2. 공정별 소모·손모상태 및 그 발생원인
3. 원료 등의 배합비율

제55조(기준 소요량의 고시)

① 외화획득용 물품등을 생산을 관장하는 중앙행정기관의 장(신용통상자원부장관이 관장하는 품목 중 제재가구는 국립산림과학원장, 그 밖의 품목은 국가기술표준원장)은 소관 품목 중 제41조에 따른 사후 관리 대상 원료등에 대하여 제54조에 따라 책정한 기준 소요량을 고시할 수 있다.

② 제42조에 따른 사후 관리기관 또는 수출업체는 기준 소요량이 고시되지 않은 해당 품목이 계속적인 수출이 예상되는 제54조에 따른 기준 소요량 책정자료를 첨부하여 고시기관에 해당 품목에 대하여 기준 소요량 고시를 요청할 수 있으며 고시기관은 이를 가능한 한 고시하여야 한다. 다만, 기준 소요량이 빈번히 바뀌거나 농산물인 경우에는 그러하지 아니할 수 있다.

③ 수출 품목의 생산을 관장하는 중앙행정기관의 장(신용통상자원부장관이 관장하는 품목 중 제재가구는 국립산림과학원장, 그 밖의 품목에 대하여는 국가기술표준원장)은 기준 소요량을 고시하는 데에 필요한 자료를 해당 외화획득 행위를 하는 자에게 제출하게 할 수 있다.

제56조(자율소요량계산서 작성)

① 영 제28조에 따른 사후 관리 대상 품목의 외화획득용 원료등으로 사용하거나 공급한 업체는 별지 제20호의 서식에 의한 자율소요량계산서를 해당 업체가 자율적으로 작성한다.

② 자율소요량계산서는 단위자율소요량 또는 기준 소요량에 외화획득용 물품등의 수량을 곱한 물량으로 표시하며 단위자율소요량의 산출근거를 품목 및 규격별로 명확히 표시하여야 한다.

③ 기준 소요량이 고시된 품목이라 하더라도 수출계약서 등 관련 서류에 소요원료의 품명·규격 및 수량 등이 표시된 경우에는 이에 따라 자율소요량계산서를 작성할 수 있다.

제57조(세부절차)

① 기준 소요량 고시기관이 업무수행을 위하여 필요한 세부지침을 정하려는 경우에는 미리 산업통상자원부장관과 협의하여야 한다.

② 해당 외화획득용 물품등의 생산을 관장하는 중앙행정기관의 장이 분명하지 아니한 경우에는 산업통상자원부장관과 협의하여야 한다.

제58조(지도감독)

국가기술표준원장은 자율소요량계산서의 작성 및 운용 등과 관련하여 다음 각 호의 사항을 지도·감독할 수 있다. 이 경우 필요한 때에는 기준 소요량을 고시한 중앙행정기관의 장과 합동으로 지도·감독할 수 있다.

1. 자율소요량계산서 작성업무에 대한 교육
2. 자율소요량계산서의 작성 및 운용실태 조사
3. 자율소요량계산서 제도와 관련한 제규정 이행실태

제4절 외화획득용 제품의 수입

제59조(외화획득용 제품의 범위)

법 제16조제2항에 따른 외화획득용 제품의 범위는 다음 각 호로 한다.

1. 주식회사 한국관광용품센터(이하 "관광용품센터"라 한다)가 수입하는 식사재 및 부대용품
2. 「항만운송사업법」에 따라 수입 물품 공급업 등록을 하고 세관장에 등록한 자(이하 "수입 물품 공급업자"라 한다)가 수입하는 선용품
3. 군납업자가 수입하는 군납용 물품

제60조(외화획득용 제품의 수입승인기관)

제59조에 따른 외화획득용 제품은(다만, 수출입공고에 의하여 제한되는 품목만 해당한다)의 승인기관은 다음 각 호와 같다.

1. 관광용품센터가 관광호텔 등에 공급하기 위하여 수입하는 물품 중 법 제11조제2항에 따른 승인 대상 물품으로서 주방용품, 소모성기계, 기자재류 및 객실 또는 부대영업용 소모성 물품 : 문화체육관광부장관
2. 군납업자가 주한 국제연합군 그 밖에 외국군기관에 공급하는 군납용 물품 : 제8조에 따른 승인기관의 장

제61조(관광호텔용 물품의 사후 관리)

① 제60조제1호에 따라 관광용품센터가 수입한 식사재 및 부대용품(이하 "관광호텔용 물품"이라 한다)은 승인권자의 사후 관리를 받아야 한다.
② 제1항에 따라 승인권자가 사후 관리에 필요한 세부사항을 정하려는 경우에는 신용통상자원부장관과 협의하여야 한다.

제62조(관광호텔용 물품의 공급)

① 관광용품센터는 관광호텔용 물품을 다음 각 호의 어느 하나에 해당하는 자에게만 공급할 수 있다.
1. 관광숙박업 중 「관광진흥법」에 따라 등록된 호텔업 및 명이이용허가를 득한 식음료업장
2. 문화체육관광부장관의 허가를 받아 설립된 외신기자클럽, 서울클럽 및 한국인도화관 내 멤버스컴퍼니 기자클럽
3. 외화획득 및 관광진흥에 기여도가 높은 관광시설 중 문화체육관광부장관이 지정한 별표 7에 열거한 시설

4. 「청소년기본법」에 따른 문화체육관광부장관에 신고된 서울올림픽파크텔
5. 올림픽, 이시안게임 등 대규모 국제대회의 협의를 거쳐 문화체육관광부장관이 정하는 선수촌, 기자촌, 프레스센터 등 관련 시설로서 신용통상자원부장관과 문화체육관광부장관이 정하는 기간동안 관광용품센터가 지정하는 급식장(다만, 문화체육관광부장관이 정하는 기간 중 종료후부터 30일 이내에 양도하고 문화체육관광부장관에게 판매대상처에 같은 기간 종료 기간 종료 후부터 30일 이내에 양도하고 문화체육관광부장관에게 이를 보고하여야 한다)
6. 「관세법」에 따라 설립하율을 받은 외교관 면세점

② 관광용품센터는 제1항에 따라 관광호텔용 물품을 공급하는 경우에는 해당 구매자가 시설규모 및 식자재 구입실적 등을 감안하여 적정량을 공급하여야 한다.

제63조(관광호텔용 물품의 관리 등)

① 관광용품센터는 보관 중인 관광호텔용 물품에 대하여 연 2회 이상 정기재고조사를 실시하여야 하며, 그 결과를 승인권자에게 보고하여야 한다.
② 관광용품센터는 관광호텔용 물품의 운송, 보관 및 공급과정에서 파손 등으로 해당 물품의 용도에 사용하기 곤란한 물품은 승인심품대장에 기재하고 그 사유를 입증할 수 있는 서류 등을 첨부하여 보관하여야 한다.
③ 관광용품센터는 관광호텔용 물품의 수입, 재고 및 판매현황 등에 대한 대장을 비치하고 기록보관하여야 하며 관광호텔용 물품과 관광호텔용 물품을 구매하는 자는 구매 및 소비현황에 대한 대장을 비치 보관하여야 한다.
④ 관광용품센터는 분기별 관광호텔용 물품의 수입 및 판매현황을 작성하여 분기종료 후 10일 이내에 승인권자에게 보고하여야 한다.
⑤ 관광용품센터로부터 관광호텔용 물품을 구매한 자는 월별 구입 및 소비현황을 다음 달 10일까지 관광용품센터에 제출하여야 한다.

제64조(관광호텔용 물품의 용도외 사용금지)

① 관광용품센터로부터 관광호텔용 물품을 구매한 자는 해당 물품을 사용 이외의 용도로 사용하거나 유출하여서는 아니된다.
② 관광용품센터는 관광호텔용 물품을 용도 외에 사용하거나 유출한 자에 대하여는 문화체육관광부장관에게 이를 보고하여야 한다.

제65조(관광호텔용 물품의 사후 관리에 따른 제재)

승인권자는 제64조에 위반한 자에 대하여는 법 제54조제2호부터 제5호까지의 규정에 따른 제재를 요청하거나 「관광진흥법」 제2장제6절에 따른 행정처분을 문화체육관광부장관(또는 문화체육관광부장관에게 행정처분을 요청하여야 한다.

제66조(선용품의 사후 관리)

① 수입 물품 공급업자가 수입하는 선용품의 사후 관리는 관세청장이 행한다.
② 수입 물품 공급업자는 수입선용품을 다음 각 호의 어느 하나에 해당하는 자 이외의 자에게 공급하거나 유출하여서는 아니된다.
   1. 국내항에 정박 중인 외항선박(원양어선을 포함한다)
   2. 신조선박 및 수리선박

제67조(선용품의 관리 등)

① 수입 물품 공급업자는 선용품의 수입, 재고 및 공급현황에 대한 대장을 비치하고 기록·보관하여야 한다.
② 수입 물품 공급업자는 선용품의 수입, 공급(외화 및 국내통화 구분) 및 재고현황을 작성하여 매분기 종료 후 10일 이내에 관세청장에게 제출하여야 한다.

제68조(선용품의 사후 관리에 따른 제재)

관세청장은 제66조제2항에 위반한 자에게는 법 제54조제2호부터 제4호까지의 규정에 따른 제재를 요청하여야 한다.

제69조(군납용 물품의 사후 관리 등)

① 군납업자는 수납되는 물품을 군납외의 용도에 사용하거나 유출하여서는 아니된다.
② 군납업자는 수납되는 물품을 양도 또는 폐기하려면 미리 승인기관의 장의 승인을 받아야 한다.
③ 수입된 군납용 물품에 의한 군납계약 이행 후 15일 이내에 외화획득 상황을 군납대금화수 증명서를 첨부하여 승인기관의 장에게 보고하여야 한다.
④ 승인기관의 장은 제1항에 위반한 자에게는 법 제54조제2호부터 제4호까지의 규정에 따른 제재를 요청한다.

제4장 플랜트수출

제70조(플랜트의 범위)
법 제32조제1항제1호에서 "대통령령으로 정하는 설비 중 산업통상자원부장관이 정하는 일정규모 이상의 산업설비"란 FOB가격으로 미화 50만 달러 상당액 이상의 산업설비를 말한다.

제71조(플랜트수출승인의 신청)
① 영 제50조에 따라 플랜트수출의 승인을 받으려는 자는 별지 제21호 서식에 의한 플랜트수출승인신청서에 제10조제1항제1호, 제3호 및 제4호에 따른 서류 및 법 제12조제2항에 따른 통합공고에 의하여 허가, 추천 등을 요하는 경우에는 그 허가 등을 받은 사실을 증명하는 서류를 첨부하여 산업통상자원부장관에게 신청하여야 한다.

② 영 제50조 후단에 따라 변경승인을 받으려는 자는 별지 제22호 서식에 의한 플랜트수출 승인사항 변경승인신청서에 다음 각 호의 서류를 첨부하여 산업통상자원부장관에게 신청하여야 한다.
 1. 수출승인서 사본
 2. 변경사유서

③ 산업통상자원부장관은 제1항 및 제2항에 따라 플랜트수출승인 또는 변경승인 신청이 있는 경우 접수일부터 5일 이내에 이를 처리하여야 한다. 다만, 다른 기관과의 협의가 필요한 경우 그 협의기간은 처리기간에 산입하지 아니한다.

제72조(플랜트수출 관련 기관 지정)
영 제54조제1항에 따른 플랜트수출촉진기관은 한국기계산업진흥회 및 한국플랜트산업협회로 한다.

제5장 원산지

제1절 적용범위 등

제73조(적용범위)

이 장의 규정은 법 제12조, 제33조부터 제38까지 및 제41조 등에 따라 원산지 표시, 원산지 판정 및 확인 등이 필요한 물품에 대하여 적용한다.

제74조(협의)

① 이 장의 규정을 운용하기 위하여 필요한 경우 산업통상자원부장관은 관계 행정기관의 장 및 해당 사안과 관련된 공무원, 전문가 등과 협의하거나 의견을 들을 수 있다.

② 이 장의 규정을 적용할 때에 해당 사안과 관련된 행정기관의 장, 무역거래자·판매업자 및 단순한 가공활동을 수행한 자, 그 밖의 이해관계인은 산업통상자원부장관에게 의견을 제출할 수 있다.

제2절 원산지 표시

제75조(수입 물품의 원산지표시대상물품 등)

① 영 제55조 제1항에 따른 원산지표시대상물품은 별표 8에 게기된 수입 물품이며 원산지표시대상물품은 해당 물품에 원산지를 표시하여야 한다.

② 제1항에도 불구하고 원산지표시대상물품이 다음 각 호의 어느 하나에 해당되는 경우에는 영 제56조 제2항에 따라 해당 물품에 원산지를 표시하지 않고 해당 물품의 최소포장, 용기 등에 수입 물품의 원산지를 표시할 수 있다.

1. 해당 물품에 원산지를 표시하는 것이 불가능한 경우
2. 원산지 표시로 인하여 해당 물품이 크게 훼손되는 경우(예: 당구 공, 콘택즈렌즈, 포장하지 않은 집적회로 등)
3. 원산지 표시로 인하여 해당 물품의 가치가 실질적으로 저하되는 경우
4. 원산지 표시의 비용이 해당 물품의 수입을 막을 정도로 과도한 경우(예: 물품값보다 표시비용이 더 많이 드는 경우 등)
5. 상거래 관행상 최종구매자에게 포장, 용기에 봉인되어 판매되는 물품 또는 봉인되지 않았으나 포장, 용기를 뜯지 않고 판매되는 물품(예: 비누, 칫솔, 밀봉된 의약품 등)
6. 실질적 변형을 일으키는 제조공정에 투입되는 부품 및 원재료를 수입 후 실수요자에게 직접 공급하는 경우
7. 물품의 외관상 원산지의 오인 가능성이 적은 경우(예: 두리안, 오렌지, 바나나와 같은 과일·채소 등)
8. 관세청장이 산업통상자원부장관과 협의하여 타당하다고 인정하는 물품

③ 영 제55조 제2항에 따른 단순한 가공활동의 구체적인 사항은 제85조 제8항 각 호를 준용한다.

제76조(수입 물품 원산지 표시의 일반원칙)

① 수입 물품의 원산지는 다음 각 호의 어느 하나에 해당되는 방식으로 한글, 한자 또는 영문으로 표시할 수 있다.

1. "원산지: 국명" 또는 "국명 산(産)", "국명 제(製)"

제76조의2(수입 물품 원산지 표시의 예외 등)

① 수입 물품의 크기가 작아 제76조 제1항 제1호부터 제5호까지의 방식으로 해당 물품의 원산지를 표시할 수 없을 경우에는 국명만을 표시할 수 있다.

② 최종구매자가 수입물품의 원산지를 오인할 우려가 없도록 표시하는 전제하에 제76조 제1항 제1호부터 제4호까지의 원산지표시와 병기하여 물품별 제조공정상의 다양한 특성을 반영할 수 있도록 다음 각호의 예시와 같이에 따라 보조표시를 할 수 있다.
1. "Designed in 국명", "Fashioned in 국명", "Moded in 국명", "stlyed in 국명", "Licensed by 국명", "Finished in 국명" ....
2. 기타 관세청장이 제1호의 준하여 타당하다고 인정된 보조표시 방식

③ 수입국에서의 주요 부분품의 단순 결합물품, 원재료의 단순 혼합물품, 중고물품으로 원산지를 특정하기 어려운 물품은 다음과 같이 원산지를 표시할 수 있다.
1. 단순 결합물품 : "Organized in 국명(부분품별 원산지 나열)
2. 단순 혼합물품 : "Mixed in 국명(원재료별 원산지 나열)
3. 중고물품 : "Imported from 국명"

제77조(원산지 오인 우려 수입 물품의 원산지 표시)

① 법 제33조제4항제1호의 원산지오인이 있어 특히 원산지 요인이 우려되는 물품은 다음 각 호의 어느 하나에 해당되는 물품을 말한다.
1. 주문자 상표부착(OEM)방식에 의해 생산된 수입 물품의 원산지가 주문자가 위치한 국명이 상이하여 최종구매자가 해당 물품의 원산지를 오인할 우려가 있는 물품
2. 물품 또는 포장·용기에 현저하게 표시되어 있는 상호·상표·국가·지역·연이 또는 언어명이 수입 물품의 원산지와 상이하여 최종구매자가 해당 물품의 원산지를 오인할 우려가 있는 물품

② 제1항에 해당되는 수입 물품은 해당 물품 또는 포장·용기의 전면에 제76조에 따라 원산지를 표시하여야 하며, 물품의 특성상 전후면의 구별이 어렵거나 전면에 표시하기 어려운 경우 등에는 원산지 요인을 초래하는 표시와 가까운 곳에 표시하여야 한다. 다만, 해당물품에 원산지가 적합하게 표시되어 있고, 최종판매단계에서 진열된 물품 등을 통하여 최종구매자가 원산지가 쉽게 확인되는 경우, 국제 상거래 관행상 통용되는 방법으로 원산지를 표시하는 경우 제재관청은 산업통상자원부장관과 협의하여 포장·용기에 원산지 표시하는 요인을 초래하는 표시와 가깝지 않은 곳에도 원산지 표시할 수 있다.

③ 제1항에 해당되는 수입 물품을 판매하는 자는 판매 또는 진열시 소비자가 오인해볼 수 있도록 상품에 표시된 원산지와는 별도로 스티커, 푯말 등을 이용하여 원산지를 표시하여야 한다.

2. "Made in 국명" 또는 "Product of 국명"
3. "Made by 물품 제조자의 회사명, 주소, 국명"
4. "Country of Origin : 국명"
5. 영 제61조의 원산지와 동일한 경우로서 국제상거래관행상 타당한 것으로 관세청장이 인정하는 방식
6. 삭제

② 수입 물품의 원산지는 최종구매자가 해당 물품의 원산지를 용이하게 판독할 수 있는 크기의 활자체로 표시하여야 한다.

③ 수입물품의 원산지는 최종구매자가 정상적인 물품구매과정에서 원산지표시를 발견할 수 있도록 식별하기 용이한 곳에 표시하여야 한다.

④ 표시된 원산지는 쉽게 지워지지 않으며 물품(또는 포장·용기)에서 쉽게 떨어지지 않아야 한다.

⑤ 수입 물품의 원산지는 제조단계에서 인쇄(printing), 등사(stenciling), 낙인(branding), 주조(molding), 식각(etching), 박음질(stitching) 또는 이와 유사한 방식으로 원산지를 표시하는 것을 원칙으로 한다. 다만, 물품의 특성상 위와 같은 방식으로 표시하는 것이 부적합 또는 곤란하거나 물품을 훼손할 우려가 있는 경우에는 날인(stamping), 라벨(label), 스티커(sticker), 꼬리표(tag)를 사용하여 표시할 수 있다.

⑥ 최종구매자가 수입 물품의 원산지를 오인할 우려가 없는 경우에는 다음 각호와 같이 통상적으로 널리 사용되고 있는 국가명이나 지역명 등을 사용하여 원산지를 표시할 수 있다.
1. United States of America를 USA로
2. Switzerland를 Swiss로
3. Netherlands를 Holland로
4. United Kingdom of Great Britain and Northern Ireland를 UK 또는 GB로
5. 삭제
6. 특정국가의 식민지, 속령 또는 보호령 지역에서 생산된 경우 관세청 무역통계부호 규정된 국가별 분류기준에 따른 국가명
7. 기타 관세청장이 신업통상자원부장관과 협의하여 타당하다고 인정하는 국가나 지역명

「전기용품 및 생활용품 안전관리법」, "식품 등의 표시·광고에 관한 법률" 등 다른 법령에서 물품에 대한 표시방식을 정하고 있는 경우에는 이를 적용하여 원산지를 표시할 수 있다.

④ 다른 법령에서 정한 표시사항을 생산국(또는 제조국 등) 표시가 이 규정의 원산지와 다른 경우에는, 이 규정의 원산지를 병기한다.

제78조(수입 후 단순한 가공활동을 수행한 물품들의 원산지 표시)

① 영 제55조제2항에 해당하는 물품의 원산지 표시는 다음 각 호의 어느 하나의 방법에 따라 원산지를 표시하여야 한다. 다만, 다음 각 호에서 달리 규정하지 아니한 사항에 대하여는 제75조부터 제77조까지, 제79조부터 제81조까지의 규정을 준용한다.

1. 원산지표시대상물품이 수입된 후, 최종구매자가 이전에 국내에서 제조·가공처리되어 수입 원산지가 은폐되거나·제거될 우려가 있는 물품의 경우에는 제조·가공업자(수입자가 제조업자인 경우를 포함한다)는 완성 가공품에 수입 물품의 원산지가 분명하게 나타나도록 원산지를 표시하여야 한다.

2. 원산지표시대상물품이 대형 포장상태로 수입된 후 형태 변경 없이 재포장되어 판매되는 물품의 경우에는 재포장 판매업자(수입자가 판매업자가 분명하게 나타나도록 원산지를 표시하여야 한다. 재포장되지 않고 낱개 또는 산물로 판매되는 경우에도 물품 또는 판매용기·판매장소에 스티커 부착, 푯말부착 등의 방법으로 수입품의 원산지를 표시하여야 한다.

3. 원산지표시대상물품이 수입된 후에 형태 변경되어 판매되는 경우(예 : 바이올린과 바이올린케이스, 라이터와 라이터케이스 등)에는 제조·가공업자(수입자가 제조업자인 경우를 포함한다)는 수입품의 해당 물품의 원산지가 분명하게 나타나도록 원산지(예 : "해당 물품명")의 원산지를 표시하여야 한다.

② 제1항에 해당하는 경우에는 세관장이 원산지표시방법 변경 후 통관 시 수입자에게 원산지표시 이행을 지도하도록 조치할 수 있다.

③ 제1항에 해당하는 물품을 수입하는 자가 같은 물품을 제조(제3자가 제조하도록 하는 경우를 포함한다)하는 경우에는 양수인에게 서면으로 원산지표시 방법에 따른 원산지의 이행을 준수하여야 할 것을 알려야 한다.

제79조(수입 세트물품의 원산지 표시)

① 수입 세트물품의 경우 해당 세트물품을 구성하는 개별 물품들의 원산지가 동일하고 최종 구매자에게 세트물품으로 판매되는 개별 물품에 원산지를 표시하지 아니하는 경우에는 그 물품의 포장·용기에 개별 물품들의 원산지를 단순히 표시하여도 무방하다.

② 수입 세트물품의 경우 해당 세트물품을 구성하는 개별 물품들의 원산지가 2개국 이상인 경우에는 개별 물품에 각각의 원산지를 표시하고, 해당 세트물품의 포장·용기에는 개별 물품들의 원산지를 모두 나열·표시하여야 한다. (예 : Made in China, Taiwan, ……)

③ 수입세트물품에 해당되는 원산지 표시대상은 관세청장이 정한다.

제80조(수입용기의 원산지 표시)

① 판매를 위한 용기로 별도 분류되어 수입되는 물품의 경우에는 용기 자체에 "Bottle made in (국명)" 원산지 : (국명)"에 상응하는 표시를 하여야 한다.

② 제1항에도 불구하고 1회 사용으로 폐기되는 용기의 경우에는 최소 판매단위의 포장에 용기의 원산지를 표시할 수 있으며, 실수요자가 이들 물품을 수입하는 경우에는 용기의 원산지를 표시하지 않아도 무방하다.

제81조(수입 물품 원산지 표시방법의 세부사항)

① 관세청장은 산업통상자원부장관과의 사전협의를 거쳐 제75조부터 제80조까지의 원산지 표시방법에 따라 물품의 특성을 감안한 세부적인 표시방법을 정할 수 있다.

② 관세청장은 수입 물품의 원산지 표시방법에 관한 세부사항을 정할 경우 이를 고시하여야 한다.

제82조(수입 물품 원산지 표시의 면제)

① 제75조에 따라 물품 또는 포장·용기에 원산지를 표시하여야 하는 수입 물품이 다음 각 호의 어느 하나에 해당되는 경우에는 원산지를 표시하지 아니할 수 있다.

1. 영 제2조제6호 및 제7호에 의한 외화획득용 원료 및 시설기재로 수입되는 물품
2. 개인에게 무상 송부된 탁송품, 별송품 또는 여행자 휴대품
3. 수입 후 실질적 변형을 일으키는 제조공정에 투입되는 부품 및 원재료로서 실수요자가 직접 수입하는 경우(실수요자를 위하여 수입을 대행하는 경우를 포함한다)
4. 판매 또는 임대목적에 제공되지 않는 물품으로서 실수요자가 직접 수입하는 경우. 다만, 해당 물품 중 제조 시 사용 시설 및 기자재(부분품 및 예비용 부품을 포함한다)는 실수요자가 수입을 대행하는 경우까지도 인정할 수 있다.
5. 연구개발용품으로서 실수요자가 수입하는 경우(실수요자를 위하여 수입을 대행하는 경우를 포함한다)
6. 견본품(진열·판매용이 아닌 것에 한함) 및 수입된 물품의 하자보수용 물품수입되는 물품
7. 보세운송, 환적 등에 의하여 우리나라를 단순히 경유하는 통과 화물

제3절 원산지 판정

제85조(수입 물품의 원산지 판정 기준)

① 다음 각 호에 해당되는 물품을 영 제61조제1항제1호에 따른 완전생산물품으로 본다.
1. 해당국 영역에서 생산한 광산물, 농산물 및 식물성 생산물
2. 해당국 영역에서 번식, 사육한 산동물과 이들로부터 채취한 물품
3. 해당국 영역에서 수렵, 어로로 채포한 물품
4. 해당국 선박에 의하여 해당국 이외 국가의 영해나 배타적 경제수역이 아닌 곳에서 채포(採捕)한 어획물, 그 밖의 물품
5. 해당국에서 제조, 가공공정 중에 발생한 잔여물
6. 해당국 또는 해당국의 선박에서 제1호부터 제5호까지의 물품을 원재료로 하여 제조·가공한 물품

② 영 제61조제1항제2호에서 "실질적 변형"이란 해당국에서의 제조·가공과정을 통하여 원재료의 세번과 상이한 세번(HS 6단위 기준)의 제품을 생산하는 것을 말한다.

③ 산업통상자원부장관은 관세율표상의 세번(HS 6단위 기준)이 변경되지 아니하는 경우에도 해당 물품의 주요 특성을 부여하는 활동을 한 국가를 원산지로 인정하는 등 제2항의 규정을 적용하는 것이 합리적이지 아니하다고 판단되는 경우에는 관계기관의 의견을 들어 해당 물품의 세번 및 원산지 인정 기준을 따로 정할 수 있다. 이 경우 해당 물품이 통관된 후에는 해당 물품의 생산에서 발생한 부가가치와 주요 공정 등 종합적인 특성을 감안하여 실질적 변형에 대한 기준을 제시할 수 있다.

④ 제2항에도 불구하고 산업통상자원부장관이 별표 9에서 별도로 정하는 물품에 대하여는 부가가치, 주요 부품 또는 주요 공정 등이 해당 물품의 원산지 판정기준이 된다.

⑤ 제4항에 따른 부가가치의 비율은 해당 물품의 제조·생산에 사용된 원료 및 구성품의 가격이 해당 물품의 수입가격(FOB가격 기준)에서 차지하는 비율로 한다.

⑥ 제4항의 주요 부품에 대하여는 다음 각 호의 국가를 원산지로 본다.
1. 해당 주요 부품의 구성품 및 부가가치의 과반 이상에 해당하는 최대기여 국가가 하나에 해당하는 경우는 해당 국가
2. 해당 주요 부품의 구성품 및 부가가치의 과반 이상에 해당하는 최대기여 국가가 하나에 해당하지 아니하는 경우는 해당 부품의 최종적으로 제조한 국가

⑦ 제5항에 따라 부가가치의 비율을 산정하는 경우 해당 물품의 제조·생산에 사용된 원료 및 구성품의 가격은 다음 각 호의 어느 하나에서 정하는 가격으로 한다.
1. 해당 제조·생산국에서 외국으로부터 수입조달한 원료 및 구성품의 가격은 각 수입단위별 FOB가격

8. 재수출조건 면세 대상 물품 등 일시 수입 물품
9. 우리나라에서 수출된 후 재수입되는 물품
10. 외교관 면세 대상 물품
11. 개인이 자가소비용으로 수입하는 물품으로서 세관장이 타당하다고 인정하는 물품
12. 그 밖에 관세청장이 신업통상자원부장관과 협의하여 타당하다고 인정하는 물품

② 세관장은 제1항에 따라 원산지 표시가 면제되는 물품에 대하여 외화획득 이행 여부, 목적 외 사용 등 원산지표시 면제의 적정여부를 사후 확인할 수 있다.

제83조(원산지 표시의 조사)

① 별표 8의 물품에 대하여 세관장은 필요하다고 판단되면, 해당 물품이 통관시 원산지 표시 여부를 확인할 수 있다.

② 세관장은 수출·수입되는 물품이 제75조부터 제81조까지의 규정에 위반되는 것으로 인정되는 경우에는 원산지의 표시·정정·말소 등 적정한 조치를 지시할 수 있다.

③ 관계 행정기관의 장, 시·도지사는 수입신고 후 유통되는 물품이 제75조부터 제81조까지의 규정에 위반되는 것으로 인정되는 경우에는 원산지의 표시·정정·말소 등 적정한 조치를 지시할 수 있다.

④ 법 제33조제5항에 따른 조사를 하는 공무원의 증표는 별표 11과 같다.

제84조(원산지 표시의 확인 및 이의제기)

① 관세청장은 영 제57조제1항에 따라 적정한 원산지 표시방법에 관한 확인 요청을 받은 경우에는 신청을 접수한 날부터 30일 이내에 영 제56조에 따라 해당 물품의 표시방법을 확인하여 요청인에게 알려야 한다.

② 제1항의 통보 내용에 대하여 영 제57조제2항에 따른 이의제기를 접수한 관세청장은 접수한 날부터 30일 이내에 이의제기에 대하여 이를 요청인에게 알려야 한다.

③ 관세청장은 제1항에 따른 원산지 표시 확인 및 이의제기에 필요한 사항을 산업통상자원부장관과 협의하여 별도로 정할 수 있다.

1. 국내수입후 제85조제8항의 단순한 가공활동을 거친 물품
2. 1류~24류(농수산물·식품), 30류(의료용품), 33류(향료·화장품), 48류(지와 판지), 49류(서적·신문·인쇄물), 50류~58류(섬유), 70류(유리), 72류(철강), 87류(8701~8708의 일반차량), 89류(선박)

② 제1항의 원산지 판정 기준 적용 대상물품중에서, 우리나라의 원산지로 하는 물품으로 본다. 이 경우 제조원가는, 일반적으로 공장도 공급가에서 이윤과 판매, 관리비를 제외한 금액이 되나, 정확한 계산이 곤란한 경우 등, 예외적인 경우에는 국가를 당사자로 하는 계약에 관한 법률 시행규칙 제9조에 따른 공인감정기관의 감정가격이나 회계법인의 원가계산서상의 금액으로 계산한 금액으로 대체할 수 있다.

1. 우리나라에서 제조·가공과정을 통해 수입원료의 세번과 상이한 세번(HS 6단위 기준)의 물품(세번 HS 4단위에 해당하는 물품의 세번이 HS 6단위에서 전혀 분류되지 아니한 물품을 포함한다)을 생산하고, 해당 물품의 제조과정에서 수입원료의 수입가격(CIF가격으로 실제 거래된 가격, 이하 같다)을 공제한 금액이, 제조원가의 51퍼센트 이상인 경우
2. 우리나라에서 제조·가공과정을 통해 제1호의 세번 변경이 되지 않은 물품을 최종적으로 생산하고, 해당 물품의 제조과정에서 수입원료의 수입가격을 공제한 금액이, 제조원가의 85퍼센트 이상인 경우

③ 제2항에도 불구하고 전량 외국산(외국산 원재료가 사용되지 않고 제조되어야 우리나라를 원산지로 본다.

④ 제2항 및 제3항에 따라 국내생산물품 등의 원산지를 우리나라로 볼 수 있는 경우에는 제76조제1항의 규정을 준용하여 표시하여야 한다.

⑤ 법 제35조에 따른 수입원료를 사용한 국내생산물품 중 제2항의 원산지 구성을 충족하지 아니한 물품의 원산지 표시는 다음 각 호의 방법에 따라 표시할 수 있다.

1. 우리나라를 "가공국" 또는 "조립국" 등으로 표시하되 원료 또는 부품의 원산지를 동일한 크기와 방법으로 병행하여 표시
2. 제1호의 원료나 부품이 1개국의 생산품인 경우에는 "원료(또는 부품)의 원산지 : 국명"을 표시
3. 제1호의 원료나 부품이 2개국 이상(우리나라를 포함한다)에서 생산된 경우에는 완성품의 제조원가의 재료비에서 차지하는 구성비율이 높은 순으로 2개 이상의 원산지를 각각의 구성비율과 함께 표시(예: "원료(또는 부품)의 원산지를 입증할 수 없는 원료는 수입원료로 본다.

⑥ 제2항에 따른 판정 시, 원산지를 우리나라로 입증할 수 없는 원료는 수입원료로 본다.

2. 해당 제조·생산국에서 국내적으로 공급된 원료 및 구성품이 가격은 각기 구매단위별 공장도가격

⑧ 다음 각 호의 하나를 수행하는 국가에는 원산지를 부여하지 아니한다. 단순한 가공활동을 수행하는 국가에는 원산지를 부여하지 아니한다.
1. 운송 또는 보관 목적으로 물품을 양호한 상태로 보존하기 위해 행하는 가공활동
2. 선적 또는 운송을 용이하게 하기 위한 가공활동
3. 판매목적으로 물품의 포장 등과 관련된 활동
4. (삭제)
5. 제조·가공결과 HS 6단위가 변경되는 경우라도 다음 각 목의 어느 하나에 해당되는 가공과 이들이 결합되는 가공은 단순한 가공활동의 범위에 포함된다.
가. 통풍
나. 건조 또는 단순가열(볶거나 굽는 것을 포함한다)
다. 냉동, 냉장
라. 손상부위의 제거, 이물질 제거, 세척
마. 기름칠, 녹방지 또는 보호를 위한 도색, 도장
바. 거르기 또는 선별(sifting or screening)
사. 정리(sorting), 분류 또는 등급선정(classifying, or grading)
아. 시험 또는 측정
자. 표시나 라벨의 수정 또는 선명화
차. 가수, 희석, 흡습, 가염, 가당, 전리(ionizing)
카. 각피(husking), 탈각(shelling or unshelling), 씨제거 또는 단순 절단 및 단순 혼합
타. 별표 9에서 정한 HS 01류의 가축을 수입하여 해당국에서 도축하는 경우와 같은 별도 에서 정한 품목별 사육기간 미만의 기간 동안 해당국에서 사육한 가축의 도축(slaughtering)
파. 퍼기(spreading out), 압착(crushing)
하. 가죽부터 마무리가공의 목적을 준하는 가공으로서 산업통상자원부장관이 별도로 판정하는 단순한 가공활동

제86조(수입원료를 사용한 국내생산물품등의 원산지 판정 기준)

① 법 제35조에 따른 수입원료를 사용한 국내생산물품 등에서, 원산지 판정 기준 적용 대상물품은 다음 각 호의 어느 하나에도 해당되지 않는 물품이다.

제87조(원산지 판정 기준의 특례)

① 기계·기구·장치 또는 차량에 사용되는 부속품·예비부분품 및 공구로서 기계 등과 함께 수입되어 동시에 판매되고 그 종류 및 수량으로 보아 정상적인 부속품, 예비부분품 및 공구라고 인정되는 물품의 원산지는 해당 기계·기구·장치 또는 차량의 원산지와 동일한 것으로 본다.

② 포장용품의 원산지는 해당 포장된 내용품의 원산지와 동일한 것으로 본다. 다만, 법령에 따라 포장용품과 내용품을 각각 별개로 구분하여 수입신고하도록 규정된 경우에는 포장용품의 원산지는 내용품의 원산지와 별개로 결정한다.

③ 촬영된 영화용 필름은 그 영화제작자가 속하는 나라를 원산지로 한다.

④ 영 제4조에 따른 전자적 형태의 무체물의 원산지는 저작권자가 속하는 나라를 원산지로 한다.

제88조(수출입 물품의 원산지 판정)

관세청장은 영 제62조에 따른 원산지 판정을 하기 위하여 필요한 경우 해당 사안과 관련된 행정기관의 장, 무역거래자 및 그 밖의 이해관계인에게 자료의 제출을 요청할 수 있다.

제89조 삭제

제90조(원산지의 판정자료 보정기간)

영 제63조제2항의 보정기간은 법 제34조제6항에 따른 이의제기 결정기간에 산입하지 아니한다.

제91조(원산지의 확인)

① 영 제65조제1항에 따라 원산지를 확인하여야 할 물품을 수입하는 자는 수입신고전까지 원산지증명서 등 관계 자료를 제출하고 확인을 받아야 한다.

② 제1항의 규정에 따라 수입시 원산지증명서를 제출하여야 하는 경우는 다음과 같다.

1. 통합공고에 의하여 특정지역으로부터 수입이 제한되는 물품
2. 원산지 허위표시, 오인·혼동표시 등을 확인하기 위하여 세관장이 필요하다고 인정하는 물품
3. 그 밖에 법령에 따라 원산지 확인이 필요한 물품

③ 제1항에 따라 관계 자료를 제출받은 시권청은 해당 자료의 발행기관에 이의 확인을 요청할 수 있다.

④ 관세청장은 제1항의 원산지 확인에 필요한 사항을 산업통상자원부장관과 협의하여 별도로 정할 수 있다.

⑤ 제1항에 따라 관계 자료를 제출한 자는 자료제출기관에 자료를 영상 비밀로 보호하여 줄 것을 요청할 수 있다.

제92조(원산지증명서 등의 제출면제)

제91조제1항에도 불구하고 다음 각 호의 어느 하나에 해당하는 물품은 원산지증명서 등의 제출을 면제한다.

1. 과세가격(종량세의 경우에는 이를 관세법 제15조의 규정에 준하여 산출한 가격)이 15만원 이하인 물품
2. 우편물(관세법 제258조제2항에 해당하는 것을 제외한다)
3. 개인에게 무상 송부된 탁송품, 별송품 또는 여행자의 휴대품
4. 재수출조건부 면세 대상 물품 등 일시 수입 물품
5. 보세운송, 환적 등에 의하여 우리나라를 단순히 통과하는 경우에는 통과화물
6. 물품의 종류, 성질, 형상 또는 그 상표, 생산국명, 제조자 등에 의하여 원산지가 인정되는 물품
7. 그 밖에 관세청장이 산업통상자원부장관과 협의하여 타당하다고 인정하는 물품

제93조(원산지 확인에 있어서의 직접운송원칙)

① 수입 물품의 원산지는 그 물품이 원산지 국가 이외의 국가(이하 "비원산지국"이라 한다)를 경유하지 아니하고 원산지 국가로부터 직접 우리나라로 운송반입된 물품에만 해당 물품의 원산지를 인정한다. 다만, 다음 각 호의 어느 하나에 해당하는 경우에는 해당 물품이 비원산지국의 보세구역 등에서 세관 감시하에 경유하는 경우에만 원산지로 인정되고, 이들 이외의 다른 행위가 없었음이 인정되는 경우에만 이를 우리나라로 직접 운송된 물품으로 본다.

1. 지리적 또는 운송상의 이유로 비원산지국에서 환적 또는 일시장치가 이루어진 물품의 경우
2. 박람회, 전시회 그 밖에 이에 준하는 행사에 전시하기 위하여 비원산지국으로 수출하였던 물품으로서 해당 전시목적에 사용한 후 우리나라로 수출한 물품의 경우

② 제1항의 단서에 해당하는 물품의 경우에는 관세청장이 정하는 서류를 원산지증명서와 함께 제출하여야 한다.

제6장 수출입 절차 규제

제1절 분쟁조정 등

제94조(무역분쟁 관련 서류 제출)

① 법 제44조제2항에 따라 산업통상자원부장관으로부터 무역분쟁 관련 서류의 제출을 요구받은 무역거래자는 다음 각 호의 사항을 기재하여 이를 산업통상자원부장관에게 제출하여야 한다.
1. 무역분쟁의 당사자
2. 무역분쟁의 발생경위 및 내용
3. 그 밖에 필요한 서류

제95조 삭제

제96조 삭제

제97조 삭제

제98조(조정신청의 접수 및 통지)

① 영 제80조에 따라 조정을 신청하려는 자(이하 "신청인"이라 한다)는 조정신청서 5부를 대한상사중재원장(이하 "중재원장"이라 한다) 다음 각 호의 사항을 기재한 조정신청서를 대한상사중재원장(이하 "중재원장"이라 한다)에게 제출하여야 한다.
1. 당사자의 성명 및 주소(다만, 법인인 경우는 법인의 명칭 및 주소와 그 대표자의 성명 및 주소를 말기)
2. 조정을 구하는 취지 및 이유
3. 그 밖에 보충조정을 위한 참고자료

② 중재원장은 조정의 신청을 접수한 경우에는 이를 당사자에게 서면으로 알린다. 접수된 사항의 추가 또는 변경하려는 경우에도 또한 같다. 다만, 경미한 사항은 그러하지 아니하다.

제99조(답변)

제98조에 따른 조정신청통지를 받은 조정의 피신청인(이하 "피신청인"이라 한다)은 3일 이내에 대한상사중재원(이하 "중재원"이라 한다)에 서면으로 이에 대한 의견을 제출할 수 있다.

제100조(반대신청)

① 피신청인은 조정신청 통지를 받은 날부터 3일 이내에 반대신청을 할 수 있다. 다만, 반대신청이 정상적인 조정절차를 방해한다고 인정되는 경우 중재원장은 직권으로 이를 허가하지 아니할 수 있다.
② 피신청인의 반대신청은 신청인의 조정신청과 병합하여 심리한다.
③ 제98조 및 제99조의 규정은 반대신청의 경우에 준용한다.

제101조(조정비용)

① 영 제84조의 조정비용 기준은 별표 12와 같다.
② 당사자의 신청에 의한 경우 조정위원 및 간사의 소요경비, 증인 또는 감정인의 소요경비, 검사 또는 조사경비, 통역 또는 번역경비 등 조정에 반영되는 소요되는 일체의 경비는 해당 당사자가 부담한다. 다만, 그 경비가 중재원장의 요청에 의한 것일 경우에는 당사자에게 따로 청함이 없는 경우 신청인이 부담한다.

제102조(예납방법)

① 조정신청을 하려는 신청인은 제101조의 조정비용을 중재원에 예납하여야 한다.
② 제1항의 예납액에 부족한 경우 중재원장은 신청인에게 추가예납을 요청할 수 있다.
③ 당사자가 제101조제2항 및 제102조제2항의 조정비용의 예납요청을 받은 날부터 3일 이내에 이를 이행하지 않는 때에는 중재원장은 조정절차를 정지하거나 끝낼 수 있다. 다만, 일방의 당사자가 다른 당사자가 지급하여야 할 조정비용을 지급한 경우에는 그러하지 아니하다.
④ 중재원장은 조정이 끝난 때에는 예납된 조정비용을 정산하고 잔액이 있는 경우에는 이를 당사자에게 반환하여야 한다.

제103조(조정명령의 기준)

영 제87조에서 규정한 "법 제43조제1항제3호에 따른 조정을 명할 수 있는 경우에 대한 기준"이란 다음 각 호의 경우를 말한다.

1. 법 제46조제1항제3호가목의 "부당하게 다른 무역거래자를 제외하는 경우"란 물품 등을 수출할 때에 정당한 이유 없이 그 수출에 소요되는 비용보다 낮은 가격으로 수출함으로써 다른 무역거래자를 제외시킬 우려가 있는 경우를 말한다.

2. 법 제46조제1항제3호나목의 "부당하게 다른 무역거래자의 상대방에 대해 다른 무역거래자와 거래하지 않도록 유인하거나 강제하는 경우"란 정상적인 거래관행에 비추어 부당한 이익을 제공 또는 제공할 제의를 하여 다른 무역거래자의 상대방을 자기와 거래하도록 유인하는 행위를 말한다.

3. 법 제46조제1항제3호다목의 "부당하게 다른 무역거래자의 해외에서의 사업활동을 방해하는 경우"란 다음 각 목의 경우를 말한다.
   가. 기술, 영업정보의 부당사용 : 다른 무역거래자의 기술 또는 영업정보를 부당하게 이용하여 다른 무역거래자의 해외에서의 사업활동을 곤란하게 할 정도로 방해하는 행위
   나. 인력의 부당유인·채용 : 다른 무역거래자의 인력을 부당하게 유인·채용하여 다른 무역거래자의 해외에서의 사업활동을 곤란하게 할 정도로 방해하는 행위

제104조 삭제

제105조 삭제

제106조 삭제

제7장 보칙

제107조(위임·위탁사무의 처리요령)

① 법 제52조에 따라 산업통상자원부장관의 권한을 위임 또는 위탁받은 자는 위임 또는 위탁받은 업무의 처리기준 및 절차를 제정·운용할 수 있다.

② 제1항에 따라 업무처리기준 및 절차를 제정 또는 개정하려는 경우에는 산업통상자원부장관과 미리 협의하여야 한다.

제108조(위임·위탁사무의 처리결과보고)

① 영 제92조제2항에 따른 위임·위탁업무 처리결과의 보고시기는 다음 각 호의 어느 하나와 같다. 다만, 산업통상자원부장관이 필요하다고 인정하여 사안별로 요청하는 경우에는 그러하지 아니하다.

1. 해당 보고기가 끝난 후 30일 이내
   가. 영 제91조제3항제3호부터 제5호까지에 관한 사항
   나. 영 제91조제4항에 관한 사항
   다. 영 제91조제5항에 관한 사항
   라. 영 제91조제6항에 관한 사항
   마. 영 제91조제7항에 관한 사항
   바. 영 제91조제10항에 관한 사항

2. 해당 반기가 끝난 후 45일 이내
   가. 영 제91조제2항에 관한 사항
   나. 영 제91조제3항제1호 및 제2호에 관한 사항
   다. 영 제91조제8항에 관한 사항
   라. 영 제91조제9항에 관한 사항
   마. 영 제91조제11항에 관한 사항

3. 영 제91조제1항제6호까지에 관한 사항은 해당 연도가 끝난 후 2개월 이내

② 보고항목, 양식 등은 산업통상자원부장관과 수임·수탁기관의 장이 협의하여 정하되, 영 제91조 각 항 각 호의 위임업무별로 종합적인 처리결과와 특이사항이 파악이 가능하도록 한다.

제109조(과태료부과 협의 등)

① 영 제92조제1항에 따른 세관장과 시·도지사와의 과징금 및 과태료부과 협의대상 기관은 다음 각 호의 어느 하나와 같다.

1. 세관장이 적발하여 시·도지사(시·군·구)와 협의하려는 경우에는 위반업체의 주소지를 관할하는 시·도지사(시·군·구)

2. 시·도지사(시·군·구)가 적발하여 세관장과 협의하려는 경우에는 해당 주소지를 관할하는 세관장

② 제1항에 따라 과징금 및 과태료부과 협의를 할 경우 협의대상 기관에 통보할 사항은 다음 각 호와 같다.

1. 위반업체의 현황(수입업체명, 주소, 대표자 등)
2. 위반물품 현황(물품명, 수량 등)
3. 원산지 표시 위반내용
4. 관련 서류(위반물품의 수입신고필증, 그 밖의 관련 서류)
5. 적발일자 및 장소
6. 처벌 여부 및 처벌 내용 등

③ 동일한 수입신고에 의하여 수입된 물품의 경우에는 적발지역 또는 품목이 다른 경우에도 동일한 건으로 본다.

제110조(재검토기한)

산업통상자원부장관은 「훈령·예규 등의 발령 및 관리에 관한 규정」에 따라 이 고시에 대하여 2019년 1월 1일 기준으로 매3년이 되는 시점(매 3년째의 12월 31일까지를 말한다)마다 그 타당성을 검토하여 개선 등의 조치를 하여야 한다.

제111조(규제의 재검토)

산업통상자원부장관은 원산지표시대상물품을 정한 제75조제1항 및 별표 8에 대하여 2015년 1월 1일을 기준으로 매 2년이 되는 시점(매 2년째의 12월 31일까지를 말한다)마다 그 타당성을 검토하여 개선 등의 조치를 하여야 한다.

제112조(규제의 효력기간)

다음 각 호의 사항은 2015년 12월 31일까지 효력을 가진다.

1. 제39조에 따른 외화획득의 이행기간
2. 제45조에 따른 외화획득용 원료등의 구매내역 신고
3. 제47조에 따른 외화획득 이행신고
4. 제48조에 따른 공급이행 신고
5. 제49조에 따른 사용목적 변경승인
6. 제50조에 따른 양도승인
7. 제61조에 따른 관광호텔용 물품의 사후 관리
8. 제62조에 따른 관광호텔용 물품의 공급
9. 제63조에 따른 관광호텔용 물품의 관리 등
10. 제64조에 따른 관광호텔용 물품의 용도외 사용금지
11. 제65조에 따른 관광호텔용 물품의 사후 관리에 따른 제재
12. 제66조에 따른 선용품의 사후 관리
13. 제67조에 따른 선용품의 관리 등
14. 제68조에 따른 선용품의 사후 관리에 따른 제재
15. 제69조에 따른 군납용 물품의 사후 관리 등

저자 정재환

대학에서는 중국어와 경영학을 전공하고 대학원에서는 국제물류학 및 행정학을 전공하였습니다.
(국제물류학박사ㆍ행정학박사). 박사학위를 취득한 이후에는 대학에서 후학을 양성하고 있습니다.
2010년부터 관세사시험에 합격하여 무역의 최전선에서 경력을 쌓아왔으며 수많은 수출입통관 및 무역금융 컨설팅업무를 수행하였고,
2015년 한국 대표 중 한명으로 APEC 회의에 참석하였었습니다.
2017년에는 한국 관세사 중 최초로 일본통관사 시험에 합격하여 한일무역 전문가로 활동 중이며 현재 중앙대학교 행정대학원 겸임교수
이자 경기도 화성시 소재한 무품사 관세사무소를 운영하며 실무와 이론 양쪽 모두에 특화된 전문가로 인정받고 있습니다.
주요저서로는 국제무역규제와 대외무역 / 외국환거래법 벌금 등이 있으며, 해당 저자의 국제무역사 및 무역영어는 시중에서
베스트셀러로 수 년째 자리매김하고 있습니다. 2021년에는 무역을 쉽고 재미있게 설명한 [현직자를 위한 무역실무가 중간도어 많은
사랑을 받고 있습니다.

본 교재는 엄격한 검수를 거쳐 출간이 되었지만 미처 발견하지 못한 오탈자에 대해서는
master@trade-master.co.kr로 보내주시면 개정 시 반드시 반영하겠습니다.

대외무역법 법령집

초판 1쇄 발행 : 2024년 10월 15일
편   자 인 : 정재환
발 행 인 : 박지인
발 행 처 : 글로벌엠케이
주   소 : 경기도 화성시 경기대로 1025-5 병점제일타운 102호
등   록 : 제2021-000012호
전   화 : 070-4115-4986
팩   스 : 0303-3445-4986
디 자 인 : 전혜준 (master@trade-master.co.kr)
ISBN 979-11-987221-8-8
정가 15,000 원

- 이 책은 저작권법에 의해 보호를 받으므로 어떠한 형태로 무단 전재나 복제를 금합니다.
- 파본은 교환하여 드립니다.
- www.trade-master.co.kr

관세사시험 완벽대비를 위한 무꿈사 법령집 시리즈

대외무역법
고시 대외무역관리규정

정재환 관세사 편저

유익하고 다양한 무꿈사 무역지식 나눔터

| 무꿈사 유튜브
무역인을 위한 무역전문채널 "무꿈사TV"

| 무꿈사 쇼츠
무역 1분으로 끝낸다 "무꿈사 1분 무역"

| 무꿈사 네이버 카페
각종 무역이슈 실시간 확인

| 무꿈사 공식 인스타그램
muggumsa.official

| 무꿈사 블로그
www.trade-master.co.kr

| 무꿈사 카카오톡 오픈채팅
카카오톡 오픈채팅 "무꿈사"

| 무꿈사 Shop
www.muggumsa.com

| 무꿈사 관세사무소
www.muggumsa.co.kr

| 저자직강
FTA 관세무역연구원 (https://customsacademy.co.kr)

관세사시험 완벽대비를 위한 무꿈사 법령집 시리즈

대외무역법 고시
대외무역관리규정

정재환 관세사 편저

유익하고 다양한 무꿈사 무역지식 나눔터

I 무꿈사 유튜브
무역인을 위한 무역전문채널 "무꿈사TV"

I 무꿈사 쇼츠
무역 1분으로 끝낸다 "무꿈사 1분 무역"

I 무꿈사 네이버 카페
각종 무역이슈 실시간 확인

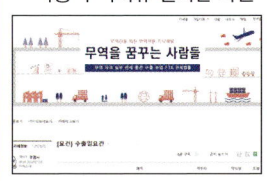

I 무꿈사 공식 인스타그램
muggumsa.official

I 무꿈사 블로그
www.trade-master.co.kr

I 무꿈사 카카오톡 오픈채팅
카카오톡 오픈채팅 "무꿈사"

I 무꿈사 Shop
www.muggumsa.com

I 무꿈사 관세사무소
www.muggumsa.co.kr

I 저자직강
FTA 관세무역연구원 (https://customsacademy.co.kr)